STARMAN: THE TRUTH BEHIND
THE LEGEND OF YURI GAGARIN

星空访客
加加林传奇的真相

［英］杰米·多兰　皮尔斯·比佐尼／著

白　鱼／译

中国青年出版社

（京）新登字 083 号

图书在版编目（CIP）数据
星空访客：加加林传奇的真相 /（英）多兰,（英）比佐尼著; —白鱼译.
—北京：中国青年出版社，2012.11
ISBN 978-7-5153-1151-7

Ⅰ.①星… Ⅱ.①多… ②比… ③白… Ⅲ.①加加（1934~1968）
- 人物研究 Ⅳ.① K835.126.1
中国版本图书馆 CIP 数据核字（2012）第 248730 号

STARMAN: THE TRUTH BEHIND THE LEGEND OF YURI GAGARIN
(50TH ANNIVERSARY EDITION) By JAMIE DORAN AND PIERS
BIZONY
Copyright: © 1998 BY JAMIE DORAN AND PIERS BIZONY
This edition arranged with The Science Factory Limited
through BIG APPLE AGENCY, INC., LABUAN, MALAYSIA.
Simplified Chinese edition copyright:
2012 CHINA YOUTH PRESS
All rights reserved.

版权登记号：01-2011-7522

责任编辑：谢肇文
装帧设计：瞿中华

出版发行：中国青年出版社
社址：北京东四十二条 21 号
邮政编码：100708
网址：www.cyp.com.cn
编辑部电话：（010）57350420
门市部电话：（010）57350370
印刷：三河市世纪兴源印刷有限公司
经销：新华书店

开本：880×1230 1/32
印张：8.5
插页：11
字数：150 千字
版次：2012 年 11 月北京第 1 版
印次：2012 年 11 月河北第 1 次印刷
定价：32.00 元

本图书如有印装质量问题，请凭购书发票与质检部联系调换
联系电话：（010）57350337

加加林和科罗廖夫两家人在度假中。从左至右为加加林、加加林妻子瓦莲金娜·戈里亚切娃、科罗廖夫妻子妮娜·戈登科娃和科罗廖夫。 / Gettyimages

加加林（左）和阿列克谢·列昂诺夫在训练后的合影。 / Gettyimages

加加林（左）和他的"对手"盖尔曼·季托夫。/ Gettyimages

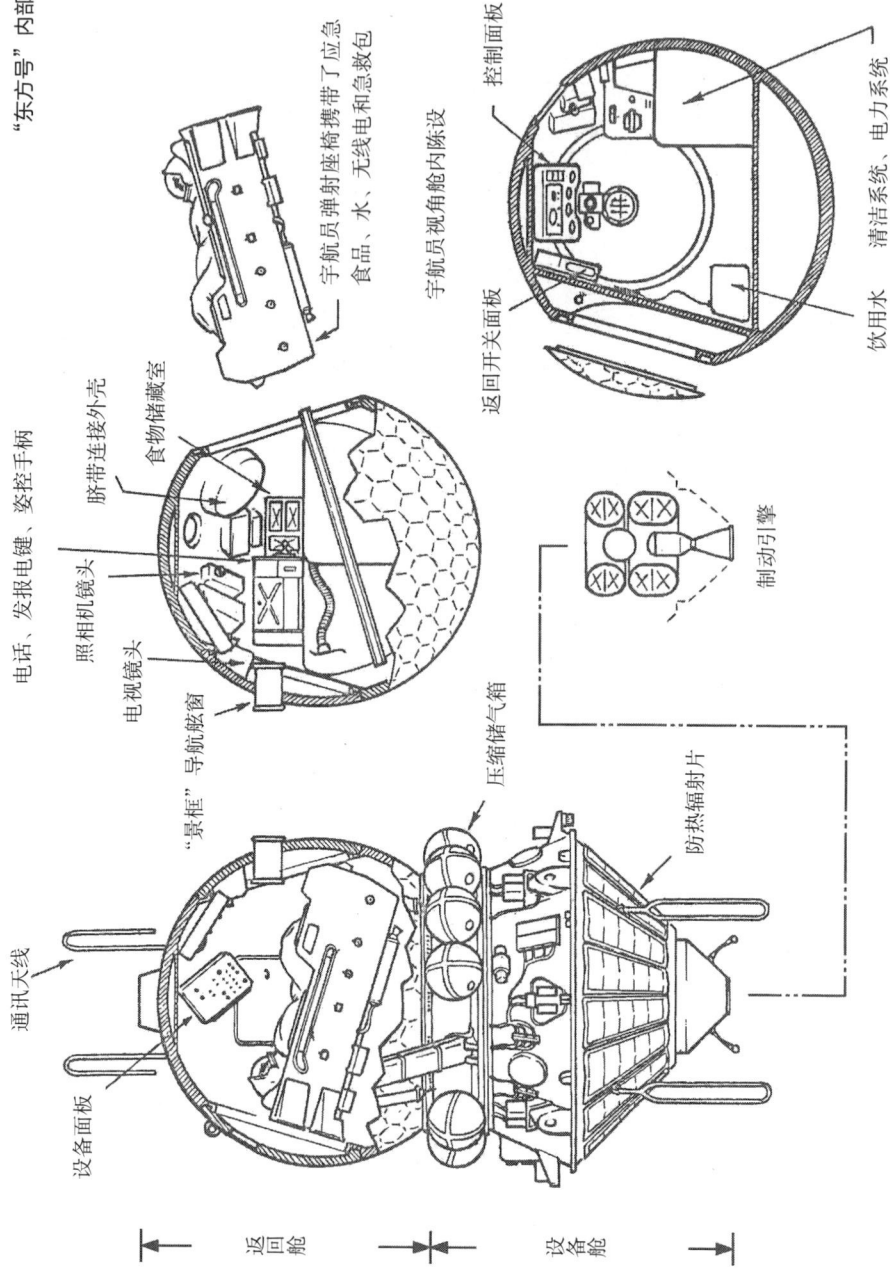

"东方号"内部结构

宇航员弹射座椅携带了应急食品、水、无线电和急救包

宇航员视角舱内陈设

控制面板

清洁系统、电力系统

返回开关面板

饮用水

电话、发报电键、姿控手柄

脐带连接外壳

食物储藏室

照相机镜头

电视镜头

"景框"导航舷窗

压缩储气箱

制动引擎

防热辐射片

通讯天线

设备面板

返回舱

设备舱

"东方号"的弹射系统

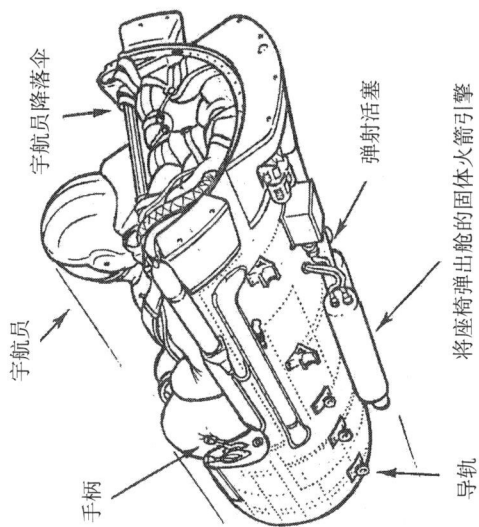

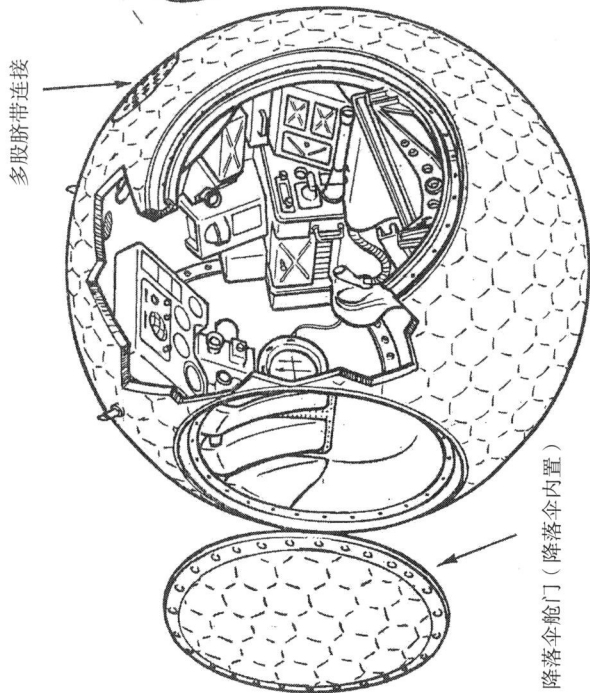

宇航员降落伞

宇航员

手柄

弹射活塞

将座椅弹出舱的固体火箭引擎

导轨

多股脐带连接

降落伞舱门（降落伞内置）

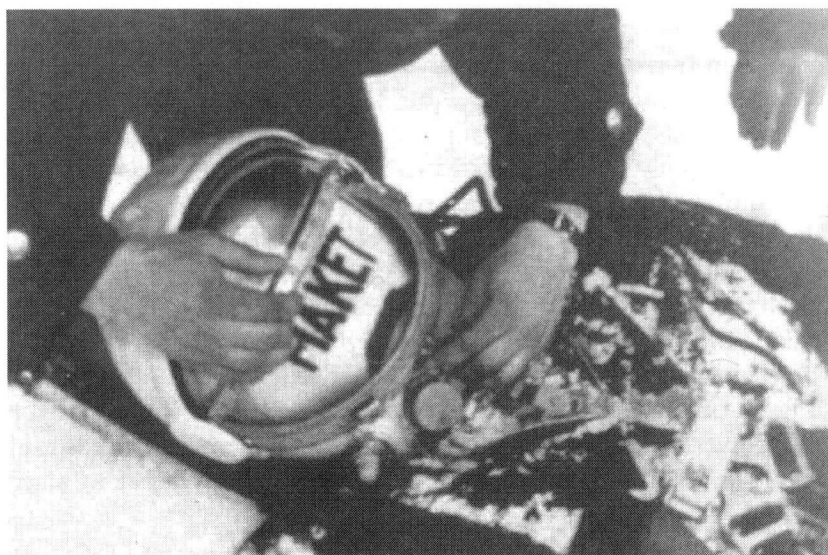

1961年3月25日，人体模型"伊万·伊万诺维奇"早加加林一步进入了太空。图为弹射着陆后的回收情景。

从"东方号"的"景框"中眺望地平线。

1961 年 4 月 12 日，科罗廖夫（右）同整装待发的加加林讲话。

1961 年 4 月 12 日发射前，加加林在发射架上挥手致意。

1961 年 4 月 12 日，"东方号"太空舱着陆，舱体显示出燃烧的痕迹。

完成划时代的飞行后，加加林同斯梅尔科夫卡的村民相拥而庆。

1961 年 4 月 14 日，莫斯科伏努科沃机场，加加林在千万同胞的注视下走过红毯。

加加林在伏努科沃机场受到家人以及赫鲁晓夫的欢迎。

1961 年 4 月 29 日莫斯科，加加林夫妇同赫鲁晓夫夫妇一起阅读关于加加林太空飞行的报道。／ CFP

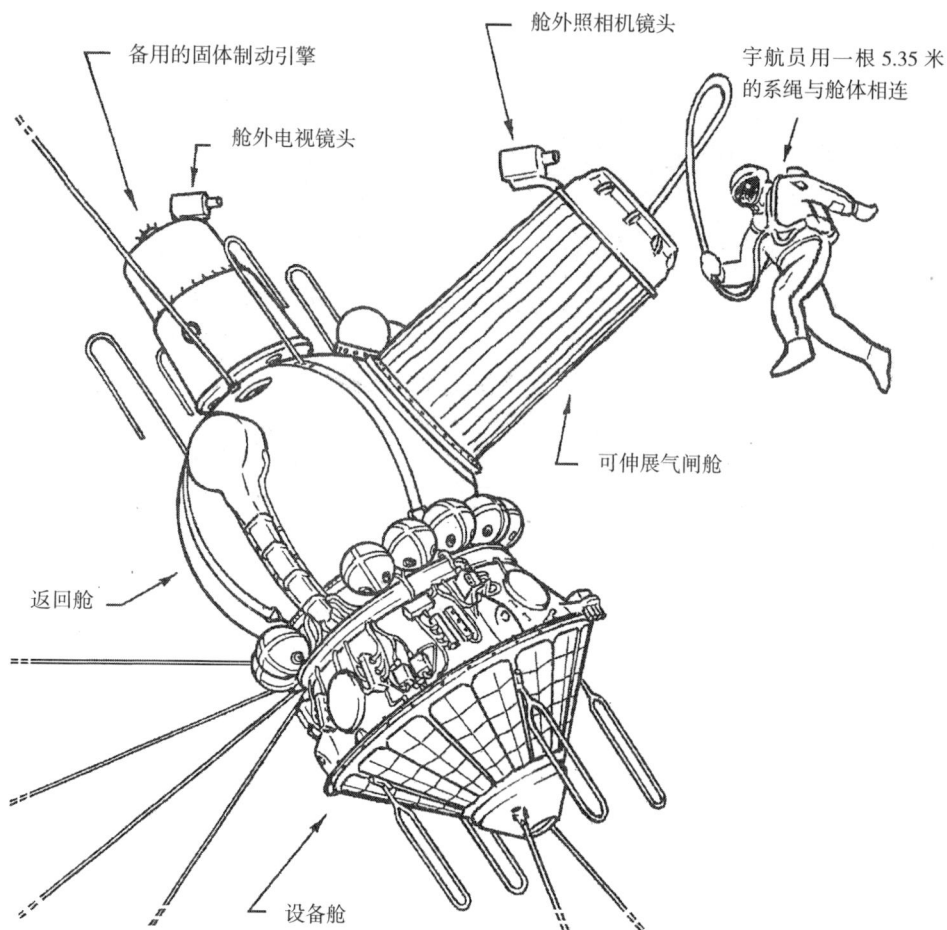

"日出二号"完成人类第一次舱外作业示意

备用的固体制动引擎

舱外电视镜头

舱外照相机镜头

宇航员用一根 5.35 米的系绳与舱体相连

可伸展气闸舱

返回舱

设备舱

1965 年 3 月 18 日，"日出二号"驶往发射台的途中。左为帕维尔·别里亚耶夫，右为阿列克谢·列昂诺夫，中为弗拉基米尔·科马洛夫，后面摄影者为苏沃洛夫。/ Gettyimages

1965 年 8 月，加加林和妻子、两个女儿在休假中。／ Gettyimages

弗拉基米尔·科马洛夫的遗体。1967年4月24日，在执行"联盟号"的飞行任务中，他不幸成为人类历史上第一位死于太空空难的人。／ Gettyimages

1987 年苏联以加加林为主题的宣传画。

目　录

前　言

苏联时期的历史,对某些人来说,是竭力想忘记的一段历史。大清洗中的残酷屠杀,古拉格中的强制劳动和精神恐惧,浮夸的五年计划,以及被奥威尔不幸言中的对个人自由的无情剥夺,无一堪为美好记忆的素材。同时,硬币的另一面却赫然铭刻着这样的事实:无数人类历史上的辉煌成就,都出自这个在第二次世界大战浩劫中重生的国家。二战中,它的基础建设尽数被毁,但未逾十载,苏联就雄踞全球性霸权的地位,以所向披靡的强大科技进军太空领域。

但是,除去一些极少数的死硬分子,苏联时期是缺少英雄的时期。是的,"英雄"本身在共产主义制度之下就是个异数,因为没人能比集体更加伟大。不过,除了一个人。

在莫斯科列宁大道的巨大路口,高 30 米的钢铁人像傲然矗立在地平线上。此处往西北方向 9.6 公里,还有一座纪念碑,标记着他丧生的位置。那是他刚过完 34 岁生日后几天,在这次严重事故中,严霜冻结的坚硬地面被撞出了可怕的大坑。灾难过去 30 年,纪念碑前的鲜花无声地证明着普通俄罗斯人对他的情感。只要提到他的名字,不论老少贫富,绝大多数俄罗斯人的脸上都会绽开哪怕最不易察觉的骄傲的微笑。他们用这样胜利的微笑,怀着最真挚的情感来怀念这个曾经的农家孩童,这个整个世界为其成就而炫目的人。俄国人总是毫不犹豫地对我们西方人指出这一点:"他是第一个,你们知道的。"

他是人类第一个进入太空的人,他叫尤里·阿列克谢维奇·加加林。

三年前我开始对加加林产生了强烈的兴趣,当时我正在完成一部关于苏联核武器的电视纪录片。我意识到如果不交代清那些把"赤色炸弹"①送上天的火箭的来龙去脉,我的纪录片就不算完整,当年正是这些导弹蓄势威胁着我们西方人的安危。

拍完了《赤色炸弹》,我开始正式考虑制作一部描写苏联太空计划的系列片。这是个艰巨的工作。该从何讲起? 如何将这个庞大的话题纳入一个连续的讨论逻辑呢?

一个莫斯科的好友替我解决了这个难题,他是我众多前克格勃的朋友之一。一天,他看到俄罗斯电视台播出了一个愚蠢

---

① 　赤色炸弹(The Red Bomb),指苏联的核弹头,也是作者纪录片的片名。

而不负责的节目,声称加加林尚在人世,刚从囚禁了他30年的精神病院里逃出来。就算是克格勃,谁又敢"蒸发"这个俄罗斯最伟大的英雄呢?好友就此鼓励我拍一部有关此事的严肃的纪录片。这一刻我意识到,加加林虽然家喻户晓,但迄今为止,他从前的故事,还有那些用核武器运载火箭送他上太空的杰出人物,我们一无所知。至少在我自己心里,我的下一个计划已然确定。当 BBC 等世界一流传媒找到我,我要讲述一个不为人知的加加林的热情也就顺理成章地开始释放。

深化《赤色炸弹》中的内容让我和我的摄制团队来到了一个暧昧晦暗的领域。我本以为打听一些加加林的逸闻至少要比刺探苏联核武器计划的最高机密稍稍容易一些。但是我错了。这次阻挡我们的不是来自前国家安全系统遗老们的偏执,而是一个个俄罗斯平民的小心翼翼。这种讳莫如深的谨慎,彻底内化为俄罗斯各阶层民众的举止习惯,尽管苏联的秘密警察早已失势多年。

我发现,即使是多年以后,很多曾在 20 世纪 60 年代与加加林在苏联航空航天领域有过接触的人都不大愿意谈起他们的经历和加加林这个人。我猜想,他们是否还在担心,自己会由于失言,而被一队深色大衣的匿名警察在某一天凌晨从家中带走呢?或许更重要的是,西方人的面孔还是太不能让人放松警惕了,并且,这些在苏联军工系统终其一生的人怎么能轻易把敏感的技术信息道与外人呢?

不过,我还是尽我所能地运用各种交际技巧。终于我发现,有几个关键人物,只要他们直接面对的是俄罗斯同胞,而不是西方记者,他们是愿意打开话匣子的。这样一来,我的三位好朋友,伊戈尔·莫洛佐夫、瓦莱丽·哥罗德斯卡娅和玛丽娅·西蒙诺夫就有了用武之地。伊戈尔·莫洛佐夫当过兵,在苏联时期就是做深度报道的记者。哥罗德斯卡娅和西蒙诺夫都有着让被访者在轻松的气氛中吐露真相的神奇天赋。渐渐地,我们得到了一部分事实,再经过雪球效应——犹豫的被访人终于在别人业已吐露事实的鼓励下坦陈心扉,材料就积少成多。最终我们获得了数量惊人的口述材料,在此我们需要感谢谢尔盖·库申科和鲍里斯·马拉科夫,他们给予了我们极为重要的帮助。

电视纪录片的标准是 52 分钟,所以我们不得不删减采访的影像,这让我很不安,因为我很不愿意删掉任何一个故事,它们都是由信任我们的人鼓足了勇气讲述的,而我也答应他们会好好利用这些资料。所以,我决定写下这本书,作为对影片的补充。作家皮尔斯·比佐尼加入进来和我共同完成这本书。由于是临时起意,所以这个做法有点冒险。我担心的是,我们会合作愉快吗?我们不同的性格、叙事风格和做事风格会影响我们对同一个主题的写作吗?

事实证明,我们合作得很好。我了解俄罗斯的情况,而比佐尼熟稔苏联早期火箭的构造和那时航天工程师以及飞行员的心理。我们共同勘探出一段扣人心弦又鲜为人知的加加林的故事,一段两人都为之惊心动魄又黯然生悲的故事。我们同生出一种强烈的感觉,将要公之于众的是一段极其重要的历史。

但是,没有什么比在俄罗斯这么广袤而复杂的国度里寻找档案、见证人和真相更为困难的事了。老官僚机构的楼顶再没有了镰刀斧头,但他们还是一如既往地拒人于千里。钞票现在成为了主导。一样东西必定有它特定的售价。没人会特别地批评这一点,因为这在"新俄罗斯"是一个常识。另一件困难事是弄清主管人是谁。谁负责这个机构? 我们进入某栋大楼需要向谁报告,需要谁的批准才能使用一张照片、一段影像?

　　俄罗斯保存着大量的历史文献,但几乎没人知道都有些什么。因为没人有足够的钱去把它们妥善地编目和存放。一些有抱负的学者会想去查阅它们,有偿地查阅,但最后结果仅仅是知道了资料的存放位置但并不允许你真正地翻阅。

　　拿我们一个亲身经历当例子吧,这事本可以不那么复杂:我们想复制一段几分钟长的俄国宇航员训练的影像。这段录像的拥有者宇航医学院先喊出了一个天价,但后来他们的主管领导同意免费提供视频,因为他觉得在我们的纪录片中突显他们的工作场面是件好事。不过,当主管的副手休假归来又推翻了他的决定。之后,总统叶利钦的一个资深顾问又替我们出头扫清障碍,但医学院明确表示,此事和叶利钦以及政府没有丝毫关系,至此,之前达成的约定全部付诸东流,我们又得从头商定条件。

　　在我们的寻找工作中,很难有哪一次找到受访者不通过中间人,获得文献资料不几经周折。工作关系在俄罗斯不再简单直接,需要很多特定的程序和过场。探究加加林的一生之谜可不是拿起话筒给他的旧日同僚打个电话那么简单。

在我们西方人眼里,俄罗斯广阔得超出想象。我们怎么可能找到一辈子隐姓埋名工作,如今早已退休的为加加林建造宇宙飞船的工程师呢? 在莽莽的农村(家家户户都没有电话),我们又上哪儿去寻访那些亲眼目睹加加林从太空降落地球的低调的农夫呢? 如何确定那些在 20 世纪 60 年代中期陪同加加林全球宣传活动的克格勃人员的姓名和地址呢? 他们的名字在当时就未公布,并且已休手多年。还有,怎么让那些曾与加加林竞争太空任务同一职位的宇航员谈论那些本不应被提及的往事呢?

我莫斯科的朋友再一次在确定被访人名单和劝说他们接受采访上帮了我大忙。一些在新的、但仍让人心生畏惧的安全机构中任职的朋友也伸出援手,为我们确定了受访人。他们不愿透露姓名,但他们一定要接受我们的感谢。

当然,最诚挚的谢意要献给我们的受访人。我希望这本书能向读者传递出,我们已经访问了所有加加林生命中尚在人世的重要人物。下文这些朋友,他们带着俄国人特有的幽默和情感,慷慨地、有时也会冒一点风险地把他们的回忆与我们分享。

加加林的哥哥瓦连金和姐姐卓娅向我们讲述了他的童年和少年生活,以及他举世震惊的太空飞行对这些身边人的影响。他们也提到了二战期间纳粹侵略家园的恐怖经历,这些经历塑造了加加林的性格。叶琳娜·亚历山德罗夫娜是一位退休教师,她回忆加加林是个聪明、顽皮的学生,一个十足的捣蛋鬼,但他天性里也有很强的责任心,这在一个男孩来说很是难得。

记者雅罗斯拉夫·格洛瓦诺夫也曾一度接受宇航训练,他对加加林和当时苏联其他宇航员十分熟悉。在他的帮助下,我们得知了格鲁吉·薛宁和其他空军飞行员的名字,他们和加加林一同参加了航天训练。格洛瓦诺夫以他百科全书般的记忆和大量的藏书补全了加加林的工作细节。不过,对我们另外掌握的一些重要材料,我认为连格洛瓦诺夫也会大吃一惊的。

谢尔盖·贝罗茨科夫斯基是个关键人物,他的任务是对早期宇航员进行科学理论培训。他和加加林很熟,告诉了我们很多有价值的逸闻趣事,还有关于加加林英年早逝的文件和证词。

宇航员训练中心的主管尼古拉·卡马宁的日记以独特的观察角度引导我们走进一条探寻加加林性格特征的路径。通过每日的观察,加加林的优势、缺点被一一勾勒,同时提到了和加加林争夺太空第一人的对手——盖尔曼·季托夫。卡马宁日记中的直言不讳让我们看到加加林的胜出是多么的侥幸。我们由衷地感谢卡马宁的遗嘱执行人能够允许我们复制一部分他坦率而又丰富的日记。

季托夫向我们坦陈自己作为加加林历史性飞行的候补时的郁闷情绪,阿列克谢·列昂诺夫则向我们倾诉了苏联宇航员除去训练的其他生活。这两人是加加林非常亲近的同事,他们讲述了加加林从飞行轨道上回望地球的情景和其他一些极为精彩的故事。

奥列格·伊万诺夫斯基、弗拉基米尔·雅兹多夫斯基和尤里·马兹霍林——三位杰出的苏联太空计划的技术管理人员透露了让人意想不到的工作细节,以及运载加加林的航天飞机的情况。同时,苏联火箭和宇宙飞船的"总设计师"、传奇人物谢尔盖·科罗廖夫的内心世界也将通过他们展现给世人。

谢尔盖·涅费奥多夫和叶甫根尼·吉鲁申是两个被人遗忘的功臣,他们讲述了自己作为"测试员"的秘密工作,即需要忍受常人无法忍受的巨大的生理痛苦,冒着生命危险去做一些药物和物理学测试,他们为早期载人火箭计划作出了巨大牺牲。

农民雅科夫·李森科如今已是暮年,当他忆起加加林返航着陆,并向他打招呼时还是禁不住双眼溢出光华。塔玛拉·库察拉耶娃和塔吉亚娜·马加利切娃那时还是中学生,她们回忆了当年的情景——她们穿过和缓的草场去一睹世界首艘太空船结束划时代飞行后返航的风采。

安娜·鲁曼塞耶娃回忆了护理加加林的时光,那源于一次差点断送他事业的尴尬事件。这是首次有人披露那场极为重要的桃色事故。

谢尔盖·叶古波夫是莫斯科郊外宇航训练中心的档案管理员,他让我们见到了普通百姓写给加加林的不平凡的信件,解除了我们关于加加林职业生涯的政治因素的疑团。

国家安全局专家尼古拉·卢布金帮助我们分析了加加林试驾米格飞机遇难的重要细节,以及随后漏洞百出的调查。维亚切斯拉夫·毕科夫斯基,当时的空中调度员,对我们吐露了空难当天的情况,这对他来说不是件容易的事,因为他已经对此事缄默了 30 年。

退休克格勃人员维尼亚闵·鲁塞耶夫在经历了长时间的斟酌和深思熟虑后,挺身向我们讲述了爆炸性的故事:加加林试图挽救人类首位太空空难宇航员——弗拉基米尔·科马洛夫的生命但徒劳无功。这一事件的内幕将首次在本书中揭晓,事实令人震惊和神伤,所有线索的矛头都指向克里姆林宫。

加加林的妻子瓦莲金娜·加加林娜没有接受采访,但正是她从中劝说,才使鲁塞耶夫面对我们,讲述这个重要的、即使现在透露也会有一些风险的真相。我们对她表示深深的谢意并祝她一切都好。丈夫的故事或许她已守藏多年,我们希望在讲述加加林丰富而又复杂一生的时候,能够伸张他的事迹、光耀他的人格。

我们还要感谢加加林的私人司机费奥多·蒂姆楚克的回忆和加加林最喜爱的理发师伊戈尔·霍克洛夫的精彩故事。还有赫鲁晓夫的讲话撰稿人和高级顾问费奥多·博拉茨基,他以亲身经历告诉我们加加林和克里姆林宫紧密、复杂的关系。

当然,这本书在讲述加加林一生的同时,也花了同等的笔墨来讲述苏联的载人航天计划,个人和科技这两方面密不可分。一些西方的航天史专家也给本书作了航天工程学和管理学方面的指导。菲利普·克拉克(Phillip Clark)、雷克斯·海尔(Rex Hall)、布里恩·哈维(Brian Harvey)、戈登·胡珀(Gordon Hooper)对我们的提问给予了无限耐心的解答。伦敦国家科技博物馆的道格拉斯·米拉德(Douglas Millard)提供给了我们大量的图书、文献,詹姆斯·奥伯格(James Oberg)和詹姆斯·哈福德(James Harford)在一些关键问题上给予了我们指导,戴维·贝克(David Baker)提供了非常棒的历史图片。安迪·艾德林(Andy Aldrin)、约翰·罗格斯顿(John Logsdon)和彼得·阿姆奎斯特(Peter Almquist)勾画出了一幅特别的图景——美国人对苏联航天成功后惊惧的反应。理智地讲,多少杰出的苏联科学家和工程师被训练、招募到这项计划之中啊。

这里,我们谈论的是一个无法重复的时刻:一个我们的同类第一次离开母星飞向宇宙的冒险时刻。后有来者,但前无古人。尤里·加加林不是超人,他和我们一样会死,也有缺点,但他当得起他在人类历史上前无古人的地位:不仅仅因为他太空第一人的事实,更因为他高尚、勇敢、荣耀的一生。

第一章　农家孩童

这是一个年轻人的故事，在他 1961 年名动世界的时候，整个世界对他几乎一无所知。他用不到两个小时就完成了一生之中最伟大的成就，但这短短的两个小时却需要经年的勇气和信念才能够征服。这个在 27 岁凯旋的巨星，在 33 岁生日时却疲惫不堪、提心吊胆、不胜烦扰。在生命的最后几年，他为了挽救一位在劫难逃的同事，愤然向政府挑战；为躲避窃听器，他和国家安全部门的特工在黑暗的楼道里密会；他还偷偷传递一些敏感得谁看过一眼之后就会丢掉工作的文件。这个男人一生都在冒险，开始是为了国家，后来是为了朋友。甚至他的童年生活都需要他具有常人不备的勇气，因为那时他面对的，几乎是无人生还的可怕场面。

我们记得尤里·阿列克谢维奇·加加林，因为他是第一个进入太空的人类，但他的世界远不止这些。

1934 年 3 月 9 日，加加林出生于一个叫格鲁什诺的小村子，位于莫斯科西边 160 公里的斯摩棱斯克州。父亲阿列克谢·伊万诺维奇是个仓库管理员，母亲安娜·季莫菲耶芙娜是个挤奶工,都在当地的集体农场工作。哥哥瓦连金长他 10 岁,弟弟鲍里斯则小他 2 岁。生计艰辛,一家人倒也其乐融融,尽管严酷的斯大林的集体化进程已经开动,他们的朋友和邻居也会偶尔莫名其妙地消失。

当母亲安娜在农场忙活的时候,照看鲍里斯和尤里的任务就落在了姐姐卓娅身上。"尤里出生时我 7 岁,已经懂得怎么去照顾两个年幼的弟弟了,我已经习惯照顾他俩了。瓦连金在牛奶场帮妈妈干活,我就在家照顾弟弟。"

苏联官方记录加加林一家为"农民",这没有考虑到以下事实:安娜的家庭来自于圣彼得堡,她的父亲是那里的油田钻探技工,1917 年革命时才举家搬到了乡下。其次,安娜文化程度不低,每日睡前必定为孩子们念上一段睡前故事,或者指导孩子们自己读书。[1]* 至于阿列克谢,从各方面来说都算得上是忠贞不渝的丈夫、严格慈爱的父亲、熟练的木匠和手艺人,在 30 年代初期的苏联最好别让本领显山露水,因为约瑟夫·斯大林对"富农"深恶痛绝。随着农村集体化经济进一步牢固地建立,阿列克谢开始负责农场的农舍和基建,生活依然捉襟见肘。

小尤里这时从父亲那里学会了从手感和气味上分辨松树和橡树、枫树和桦树。就算是黑夜,他也能辨认无误。他人生第一次接触物料、机械和加工技艺就是刨刻木材,让雕完的木头在手中如绸缎般滑腻。这时的尤里第一次感受到了"精确"的力量,

---

* [1]注释为作者原注,见正文后原书注释,下同。

靠的是父亲的凿子、刨子和锯子。

1941 年的到来摧毁了一切。德军师团沿着 3000 公里的边境线向苏联发起攻击,迅速取得了对苏联红军的优势。在几周的惊愕之后,斯大林下令全线收缩,诱使德军深入广阔的腹地(就像拿破仑遭遇的那样),以随后到来的俄罗斯严冬来击垮敌人。在纳粹最初夏日的胜利之后,接下来的是长达两年的败退,这一时期苏德两方都伤亡惨重。斯摩棱斯克州恰在德军撤退的路线上。格扎茨克和周边的村庄,包括格鲁什诺,不幸被占领和蹂躏。

1942 年 10 月末,德军炮兵部队向格鲁什诺开火。"前线离村子还有 6 公里,但每天都有炮弹落进村子。"瓦连金回忆,"德国人也许觉得磨坊是个危险的地标,所以炸掉了它,还有教堂。一小时后,我们这边又发动了火炮还击。这很没有道理,所有人都会需要同样的地标来认路啊。"

两方交火之后,4 个全副武装的德军纵队径直寻村子而来。在周边的林地发生了极为惨烈的战斗,双方都损失惨重,尤以苏军为甚,至少有 250 人伤亡。两日过后,林中战斗逐渐平息。瓦连金和尤里溜进树林一看究竟。"我们看见一个红军上校,受伤极重,躺在林子里两天两夜了,但是还有呼吸,"瓦连金说,"德军去他躺的灌木丛察看,他假装失明。一些德军高级军官想问他话,他说他听不清,要求军官靠近一点儿。当军官们靠近,他拉响了藏在身后的手榴弹。他们全都死了。"

瓦连金记得尤里在这件事以后,从一个嬉皮笑脸的顽童变成了一个性格深沉的孩子。他会下到地窖,取出面包、土豆、牛奶和蔬菜分给别村躲避德军跋涉前来的逃难者。"他在那些年就不怎么笑了,虽然他天性是个开朗的孩子。我记得他很少因为疼痛和身边的惨事而哭,除非自尊心受到了伤害……许多让他成为飞行员乃至宇航员的性格特点,都是那时形成的,在战乱时期。"

和苏联其他占领区发生的事情一样,相似的悲剧现在在格鲁什诺上演:褐衫的德军破门而入,把人拖出门外,就地射杀。如果想节约子弹,则用刺刀,或者把人赶到一起,活活烧死。直到侵略者被俄国残酷的寒冬和无情的纵深击溃而败逃,悲剧才随之停止。

有个红头发的叫阿尔伯特的巴伐利亚士兵尤其残忍下作,他的工作是收集德军车辆用过的旧电池,用酸溶液给它们重新充电,并给豹式坦克修理无线电,而他发现了加加林家小孩用碎玻璃的秘密。这些乡下孩子摔碎玻璃瓶,把碎片撒到马路和煤渣小道上,然后躲在树丛里观看德国的货运卡车因爆胎而失控。阿尔伯特认定鲍里斯是破坏者之一。一天他撞见鲍里斯和尤里在玩耍,他停了下来坐在一旁。一会儿,他在地上放了一些巧克力,招呼鲍里斯来拿,却一脚踩住了他的小手。"手指上的皮肤被碾了下来,鲍里斯疼得大叫,"瓦连金说,"接着这个恶魔——鲍里斯总这么叫——用围巾把鲍里斯吊在了苹果树上。妈妈闻声赶来,看到这个恶魔正用相机拍照。我不想再讲下去了……"安娜和德国佬厮打在一起,德国人举起了步枪正要扣动扳机,奇迹突然降临,德国人的上级这时候出现,让他赶紧离开。安娜和阿列克谢赶忙上前从树上解下鲍里斯——小孩子的羊毛围巾万幸系得不紧。

阿尔伯特和其他德国兵把加加林一家赶出了家门，这逼得全家挖出了一个暂时的藏身之所。他们带着虚弱的小鲍里斯，靠着意志力，带着些许绝望把这个濒临窒息的孩子救了回来。"鲍里斯在避难所待了一个星期，害怕出门。"瓦连金说。他还记得，阿尔伯特在加加林家里发现了一个罕有的物件：发条留声机。他重复地播放一首曲子，希望嘲笑加加林一家在简陋避难所里的局促。"他打开了窗户，用最大音量播放的曲子是《红军前进》进行曲。他明显不知道自己放的是什么。"

"苹果树惊魂"发生后几天里，尤里日日戒备，观察阿尔伯特什么时候会离开房子。安全的时候，尤里就悄悄潜入德军存放坦克蓄电池的地方，抓一把土往电池帽里撒，或者在补充电池液里捣鬼，把它们互相胡乱掺兑。阿尔伯特和他的人不时会去查看电池是不是一切正常。清晨时分，坦克兵会来找阿尔伯特，握手，行纳粹礼，然后取走电池。黄昏时他们去而复返，冲阿尔伯特发火，因为电池根本不能用。大多坦克指挥员是党卫军军官，他们发起脾气来无论对德国人还是苏联百姓都不是个好消息。"他们可不是好惹的。"瓦连金平静地说。

被党卫军军官责辱的阿尔伯特发疯一般地在村里寻找尤里，但他只能徒步追踪，因为这个被复仇女神附身的男孩又把土豆塞进了他汽车的排气管。这个恶魔暴跳如雷地搜查每个临时避难所，扬言见到尤里就要毙了他。或许阿尔伯特的上级再也受不了他糟糕的电池了，他们把他调离了这个地区，在他结果尤里的性命之前。

瓦连金和另外 8 个男丁被德国人抓了差。"规矩很简单。从早上八点开始干活。你或者累死,或者工作到他们叫停的那一刻。即使你伐木伐到一半,倒下的树就快砸向你的头顶,他们叫你停下你就得停下,不然就会挨一棍子或者一枪托。"当德国人开始像村民一样为了熬过冬季而挖掘掩体时,此刻敌人又或是侵略者的身份就变得模糊起来。那里有一个公用的可容纳三四百人藏身的地下掩体。这个建筑到底是给德国人盖的还是给当地老百姓盖的就很难说了,特别是当两方同时使用的时候。瓦连金回忆:"有一天清晨,某一边的飞机发动进攻,向掩体投下了成堆的炸弹——据德国人计算这些炸弹每颗有一吨半重。没人知道那天死了多少人。"

1943 年春,瓦连金和卓娅被党卫军拐走,被驱赶上了一趟开往德国的"儿童专列"。第一站是波兰的格但斯克,他们在那里两个相邻的劳动营里做苦力。"我每周要给几百个德国人洗衣服,"卓娅说道,"我们尽量把自己照顾好,但毕竟他们是奴隶主,我们是奴隶。我们总是惊惧交加,又饥寒交迫。就像灰姑娘,破衣烂衫,皮包骨头,手肘的骨头突兀地支棱着。我们没有鞋,偶尔能发现个把大得穿不了的军靴。德国人把我们安置在被他们撵走了主人的破房子里。"卓娅非常不情愿地谈起这段 15 岁时被敌军掳走的经历。

在德军撤离苏联的兵荒马乱中,党卫军用火车运载俘虏对普通德国部队来说多少是件奢侈事。终于,本该穿越波兰到达德国的"儿童专列"被临时征用,改变了行程。瓦连金和卓娅趁机逃出了劳动营,一头扎进树林两个星期,渴望着苏军的援救。"当他们真的出现,我们希望他们能救我们回家,"卓娅说,"但他们说我们得作为志愿兵和他们待在一起。"卓娅被安排去一个骑兵旅照顾马匹,讽刺的是,她又随着骑兵们深入德国——"儿童专列"本来的目的地。如今,瓦连金也够了上前线服役的年纪,他迅速掌握了反坦克火箭筒和其他重武器的用法。

与此同时,阿列克谢和安娜以为家里的两个大孩子都已遭遇不幸。身体积弱的阿列克谢每日饱受悲伤和饥饿摧残,他拒绝为德国人劳动被毒打受伤,战时余下的日子都在一所简陋的医院里度过,起初是病人,后来干脆在医院帮工。安娜一度也在医院治疗,她左腿被一个叫布鲁诺的德国士官用镰刀划出了严重的伤口,尤里把土撒进了德国人的眼睛才得以逃生。

1944 年 3 月 9 日,德国人终于被赶出格鲁什诺。阿列克谢拖着跛腿给前来的苏军指出德国人在马路和煤渣道布雷的位置。安娜的伤势已经痊愈,在食物匮乏的情况下勉为无米之炊,照顾着鲍里斯和尤里的起居饮食。直到 1945 年年底她才得知,原来瓦连金和卓娅这两个大孩子尚在人世。待他们回到家中,早已是长大成人,变了模样。

莉迪亚·奥布科娃,一个 60 年代与加加林熟识的作家,在 1978 年这样写道:

瓦连金还挂有男孩的样貌;卓娅已出落成迷人少女,但对命运颠沛流离的无奈也爬上了她青春的面庞。母亲不禁悲戚伤感，阿列克谢鼓励她说："要记住，鲍里斯和尤里还需要你。"你以为战争、侵略和痛失家园会永远地毁掉这些孩子的人格，但这正是这对父母拼死保护的东西。见到父母面对敌人没有丝毫奴颜，孩子们有样学样，也浑然不生半分媚骨。[2]

战争过后，加加林一家搬到了格扎茨克边上，用老房子的木条和梁柱当原料盖了一座简单的新居。老屋本就简陋，战后只剩一间厨房和两间毗邻的房间。"战争之后，生活当然是很苦的。"卓娅说，"从布列斯特到莫斯科，没有什么不被毁掉，所有牛羊都被抢走，房屋只剩废墟。我们村只留下两座完好的房子。"格扎茨克的居民建了所学校，一个叫叶琳娜·亚历山德罗夫娜的年轻女人自愿来给孩子上课。她尽己所能做了个黑板，但没有粉笔，找到了教室，但没有书。尤里和鲍里斯从部队留下的俄国军事手册里学习认字，从烧毁的军车和坦克里拣出军事地图学习地理。

叶琳娜一个人教书的日子没过多久。1946 年，列夫·米哈伊洛维奇·贝斯帕夫洛夫来到学校教数学和物理，又一个父亲式的人物走进尤里的生命。1961 年接受澳大利亚记者采访时，加加林描述贝斯帕夫洛夫"像魔法师一样，特别是有一次，他把玻璃瓶灌满水，盖上盖，拿到天寒地冻的室外，水结冻成冰并且膨胀，玻璃瓶好听地'嘭'的一声碎掉。他还能让别针浮在水面上，还能通过梳头来产生电"。[3] 或许，贝斯帕夫洛夫的魅力因为他褪色的空军制服增辉不少。因为,在混乱和恐惧充斥的战争年代,尤里有一次发现了一件无比美好、神奇的物件,甚至一度让他忘记了周遭的恐怖。这是一架飞机,虽然这件神物后来四分五裂,但记忆在尤里的脑中挥之不去。

这源于一场格鲁什诺上空的激战。两架苏联雅克战斗机对阵两架德国梅塞施密特战机,两相争持,德机全被击落。一架受伤的雅克战机坠落于村外一公里的沼泽地,一只起落腿由于撞击走样,螺旋桨完全变形。土地很软,多少对降落产生了影响。飞行员活了下来,但大腿严重受伤。闻讯赶来的村民带来绷带为他包扎,还有牛奶和熏肉干。

半晌,一架苏军波利卡波夫PO-2双翼飞机平稳地降落在附近一片苜蓿地里。空军管PO-2叫"玉米播种机",因为它轻便的木质结构让它在坑洼的地表也能安全降落。它在此降落显然首先是查看"雅克"飞行员的伤势,其次则是确保雅克战机不会落入敌军之手,必要时就要摧毁它。

尤里看着眼前的这一切入了神。据瓦连金说,"村里的大孩子都被大人派去苜蓿地,带上能收集到的所有残余汽油给PO-2。飞行员拿出一些巧克力给尤里。尤里忘了给自己留下一口,都分给了小伙伴,他明显是对飞机更感兴趣"。

太阳的余晖退去,村民邀请两位飞行员去村里挖出的避难所过夜,但飞行员要照看飞机,只得在飞机旁挨过一宿。他们尽量保持警醒,但因为受伤和寒冷,不由得沉沉入梦。第二天清早醒来,他们惊讶地发现尤里在一旁看着他们。雅克战机已经损坏得厉害,没法再开走。他们在清晨的微光下点起了一把火烧掉了飞机。两个飞行员互相搀扶着去了 PO-2 的停靠地。当"玉米播种机"轰鸣着飞上天空,尤里聚精会神地仰望观看着,不远处飞机残骸生出的滚滚烟柱直上天际。

贝斯帕夫洛夫老师曾是苏联空军的机枪手和无线电报员,他从旧军服里变出的一个个魔术又让尤里着了迷。在他的课上,尤里痴迷地听着、学着。

叶琳娜回忆尤里是个好学生:调皮捣蛋但是品德高尚。"和所有同岁的孩子一样,他爱搞恶作剧,但如果我们问'这是谁干的?'尤里往往就会承认:'是我干的,我再也不这样了。'他很活跃。回忆那些年的往事,我要说他是个高尚和有责任感的孩子。当我们听说他上了太空,我们想起的是他甜甜的笑脸。他一生都是这么甜甜地微笑——和小时候一模一样。"叶琳娜记得她有段时间把尤里调到了教室前排,以便能随时看住他。"他还真不是那种你能掉以轻心的孩子。就算在我鼻子底下,他也能搞出点名堂。他有次把前排坐凳的钉子都拔了出来,所以当他和同学坐上去时,凳子哗啦一下全散了架。"叶琳娜也没生太长时间的气。一个叫安娜的瘦弱小女孩老是被其他孩子在打闹中推搡,尤里却对她很是关照。放学后他总是背着她的小书包送她回家,让其他孩子看,安娜不是好随便欺负的。

尤里在音乐上没什么天赋。"他加入了业余兴趣小组。乐器是集体农场送给小组乐队的。尤拉①是小号手，他总是骄傲地走在前排。"加加林一家与其说是享受，不如说是忍受着小尤里的"无调性音乐"，卓娅回忆道："他把小号带回家练习。爸爸被他吹得倒了胃口，那时是阳光明媚的春天，就让他出去吹。我们那时有头母牛，听到尤里吹号它就哞哞叫，大家都笑说，看来它倒是很享受免费的音乐。"卓娅在回忆中动了感情，说她这个弟弟"生气勃勃，往往是那个领头起事的孩子，而不是跟班。他特别活泼"。

尤里在学校最爱数学和物理，热情地加入了航空模型小组，这给叶琳娜带来了很多麻烦。"有一次，他们从窗口放出的飞机砸到了路人，那人恼怒地冲进学校发火，所有人都沉默了，只有尤里站出来道了歉。所以，他可能就是在这时爱上飞行的。"

瓦连金也回忆了他麻烦不断的弟弟，当他6岁时，他要求哥哥和爸爸给他做一架迷你滑翔机，或者是橡皮筋动力的木质玩具。小尤诺什卡坚称："我要当国家的英雄，开飞机！"直到开战之前，格鲁什诺的上空还鲜见飞机飞过。对这些空中机器转瞬的凝视一定在这个孩子心底留下了最深的印记。

尤里16岁便执意离家谋生。"他看到父母生活拮据，就想尽快找一份生计，不再成为家里的负担。"卓娅说，"我当然不想他离开，但他说他想继续学业，妈妈也支持他。"尤里表达了想去列宁格勒体育大学学习的愿望。他体格匀称，个头不高，但协调、矫健，自认为可以当个体操或其他什么项目的运动员。瓦连

---

① 在俄语中，尤拉和后文出现的尤诺什卡均为尤里的昵称。

金还记得父亲对此并不同意:"他认为这营生不当饭吃。但是物理老师贝斯帕夫洛夫极力说服我们的父母让尤里去试试。"阿列克谢本希望三个儿子都子承父业成为木工,但这实在不太现实。

最终,列宁格勒的所有专业都已招满,只剩一个最可行的选择,那就是莫斯科柳伯茨钢铁厂的厂办学校,那里在招收学徒工。尤里不但可以学习钢铁铸工的手艺,还有父亲枝枝权权的亲戚可为照应。1950年,尤里终于被吸收为学徒,前往莫斯科,那里他的萨维利·伊万诺维奇叔叔可以短暂收留他。

在柳波茨钢铁厂,尤里得到了平生第一套制服:印有工厂标志的铸工帽,襟宽袖长的哔叽上衣,松垮的深色长裤,还有黄铜扣的宽皮带。他在镜子前看着自己,觉得这副滑稽样值得一照,就花光了所剩无几的卢布寄了一张照片回家。

尤里在钢铁厂的工头叫弗拉基米尔·格林斯坦。这是个严肃、魁梧的人,长着小胡子和鼓胀的肌肉,强硬的口吻能熔化钢铁。"你们要学会和火打交道,"他常教训胆怯的学徒,"火很强,水能克火,土能克水,但人能克一切东西!"[4]尤里·加加林在1961年的一次采访中说:"当时我们都很怕他。"

尤里的第一项任务,是给新组装的金属沙箱装上铰链轴。长着一张海象脸的工头踱步过来检查。他一拳砸在自己额上,低声狠狠诅咒了一句,然后告诉尤里他把轴完全装反了。"第二天,我们都改进了方法。"加加林承认,这一听就是自己干的事,他不是那种第一次上手就能找到诀窍的人,任何事他都需要努力和反复练习。多年以后,格林斯坦接受过一次简单的采访,他说:

我第一眼看到尤拉，觉得他太瘦小了。我这里只有铸工组有空缺，这意味着他需要耐得住烟尘、高温和高强度的搬运工作。我认为这超出了他的能力。我记不得我最后为什么忽略了他所有的弱点，接受了他，一定是他坚毅的性格，你能从他身上感受到。他很有天赋？不，但他确实很能吃苦。[5]

工头给加加林的年末评价是"优"。事实上，他是被选送去萨拉托夫技工学校进修的仅有的 4 个学徒中的一个。那是一个伏尔加河畔的港口城市，尤里将在那里学习俄国最重要的机械——拖拉机的最高机密。

1951 年春，尤里和其他 3 个幸运的同事在新老师季莫非·尼基夫洛夫的陪同下到了萨拉托夫。几个小时他们就到了城区，加加林突然发现了一张"飞行俱乐部"的告示。"啊哈，这一定是个好去处，我们去看看吧。"同伴们笑着以为他开玩笑。不过数日之后，这家俱乐部居然真的接受了加加林的加入申请。在技工学校的学习几乎占用了加加林所有的时间，当他终于踏进俱乐部位于萨拉托夫郊外的机场时，已经过去了好几个星期。

德米特里·马提亚诺夫是俱乐部的首席教练，是个二战退伍老兵。他第一次见加加林就注意到这个小伙子痴痴地盯着那架帆布覆盖的老雅克-18 训练机，露出沉醉的表情。他走上前去，提议带着他飞上一圈。他们低飞到 1500 米，在空中以 100 公里的时速游弋了一番，几分钟后返回了地面。"这是第一次飞行,我充满了自豪,它让我一生都有了意义。"加加林回忆道。

马提亚诺夫对加加林说:"你做得非常好,就好像以前上过天一样。"

"我飞了一辈子了。"加加林回答。[6]

马提亚诺夫显然听懂了他的意思,从此成为加加林一生的莫逆之交。

1955年春天,21岁的尤里以优异的分数从萨拉托夫技工学校毕业。但同时,他对拖拉机的兴趣开始减弱。他把上一个夏天全花在了学习驾驶雅克-18上。他第一次短途旅行后,带给了他的朋友和教练马提亚诺夫一包"三套车"香烟,这是飞行员之间的传统礼物。当然乐趣还不止于此。他每天晚上到俱乐部上飞行理论课,白天还须在技工学校的课堂上保持清醒。他努力完成多出的工作量,坚持不落下课程。俱乐部给他的奖励是一次惊险的机翼跳伞。马提亚诺夫推荐他去乌拉尔河上的奥伦堡飞行学校学习。这需要加加林成为注册的士官学员。那里可不是什么轻松找乐的"俱乐部",而是淬炼战斗机飞行员的严酷学校——虽然飞行俱乐部事实上并不特为轻松找乐而设。在苏联,"乐趣"是个难以把握的概念,应该这么说:在飞行俱乐部,公民可以自愿非正式地去练习一项有用的技能。

至少的至少,"乐趣"也一定要以让人更好地工作为终点。加加林加入了萨拉托夫的许多运动俱乐部,以大量的运动和食物锻炼自己生来瘦小又营养不良的体格。他打排球和篮球,向伏尔加河岸闲憩的漂亮姑娘炫耀自己的单腿滑水技术。即便他从滑水板上落水,那么笑嘻嘻、湿淋淋地爬上岸也能给女孩们留下深刻的印象。他终于长成了一个英俊、自信的年轻人,尽管身材略矮,身形也更适于体操而不是跑道项目,但他的魅力、慷慨和幽默为他赢得了许多朋友。

奥伦堡的教官可没那么容易被他的魅力俘获。他们是职责严明的军人。在他们眼里,加加林要做的就是在几年后忠于纪律,完成训练,接着被送去战场,然后牺牲。安娜和阿列克谢一想起儿子参军就隐隐不安,特别是认为儿子痴迷于驾驶飞机真是太轻率了。不过,根据同为萨拉托夫飞行俱乐部成员的亚历山大·西多罗夫 1978 年的回忆,加加林有着非常严格的自律能力,有望成为一名空军飞行员:

> 在萨拉托夫机场留宿的那些晚上,尤里很热切地把营房帐篷打扫得一尘不染。他受不了不干净的环境和邋遢的人。一开始他会礼貌地提醒,但如果没用的话他会严厉地指出来。[7]

在奥伦堡拿高分非常不易。高级教官雅德加·阿克布拉托夫在 1961 年说:"别以为尤里是个永不犯错的学员、一个神童。他不是。他和其他年轻人一样,也冲动、热情,犯一样的错误。"加加林的最低分出自着陆这一项。如果他不能在降落时控制住飞机,不让轮胎在跑道上弹起,那他很有可能在奥伦堡毕不了业。阿克布拉托夫曾和加加林一同飞行,想看看能否解决这个问题。"我和他一同升空,仔细观察他的操作。在斜拉式转向时他的表现并不是无懈可击,但在垂直俯冲和爬升时他的表演让我在超荷中看到了星星。接着就降落了,完美无瑕的降落!我问他:'你为什么不都像这次这样降落呢?'他咧嘴笑笑,说:'我找到窍门了。'原来他在座椅下放了个坐垫,这样他有了更好的视角来观察跑道。"从此,加加林驾机必有坐垫随行。[8]

其实,加加林为了解决降落问题痛下了决心,最终解决了包括坐垫的一系列问题。接下来是打靶训练。确实,空军飞行员要是不能在飞机上射击的话还有什么用呢?开始时,他的低空扫射往往偏离靶心,而奥伦堡的同学们都能正中红心。加加林重修了所有地面理论课,最终在空中以规定动作摧毁了所有目标。

还有一件事极大地推动了加加林的事业。那是他担任青年士官学员篮球队队长时的一次比赛,他们在对阵中痛宰对手,奥伦堡的教官们都称赞他技术娴熟,加加林却说:"我们并不赢在技术好,而纯粹赢在必胜的信念。我们一心取胜,而对手有些含糊。"这番话给一些在座观赛的高级军官留下了深刻印象。阿克布拉托夫和同事们开始察觉到加加林很有几分冠军相。并非天才,却能成就大事。除此之外,他还是个在飞行中追求重力加速度极限的年轻人,这种气魄绝对是战斗机飞行员不可缺少的。

加加林在奥伦堡认识了比他年轻一岁的瓦莲金娜·戈里亚切娃(昵称"瓦娅"),一个棕色眼睛的漂亮女医师。一晚,在奥伦堡基地做医务工作的女孩去参加一场舞会,全场尽是留着又短又硬平头的半大男孩学员,平平无奇。1978年时,她接受记者雅罗斯拉夫·格洛瓦诺夫采访时回忆道,奥伦堡城里的平民男孩穿着得体、发型帅气、长相也英俊不少,比这些当兵的强多了。她从未想在军营里找寻伴侣,只是在这个让人身心愉悦的晚会上与加加林共舞了几曲,其间加加林开心地向她问东问西。[9]

10点钟音乐戛然而止,所有学员准备着回营就寝,第二天一早还有操练。加加林对女孩说:"那行,下周六再见了。"瓦娅没搭理他。"回到家,我心想:我为什么还要见到这个秃毛家伙?还有,他凭什么一副胸有成竹的模样?但是下周六我们又一起去了电影院,看完后还对电影争论了几句。末了他又说:'那行,下周六再见。'"

果不其然,他们又见了面。瓦娅的父母,伊万·戈里亚切夫和瓦尔瓦拉·谢苗诺娃就住在奥伦堡的契切林大街。这里是瓦娅的家,是加加林新鲜和陌生的城市,但瓦娅的父母和她的6个兄弟姐妹很快喜欢上了加加林,他们的家也变成了加加林的第二个家。伊万为当地养老院掌勺,在家也常常展露惊人的厨艺。加加林在尝过飞行学校的寡盐索味后,工作余暇对契切林大街的不时拜访就成了他的美食之旅。瓦娅在1978年的采访中说,当时加加林唯一的顾虑是"他父母生活艰辛,维持收支平衡很不容易。但尤拉微薄的学员津贴又怎么能帮助他们呢?他说过,如果他从技工学校毕业就回到格扎茨克谋一份铸铁工人的营生,家里会好过一些"。但最终加加林把奥伦堡的训练坚持了下去,1956年2月获得了中士军衔,1957年第一次单独驾驶了米格-15喷气式战斗机。

1957 年 10 月 4 日,苏联发射了人类第一颗人造地球卫星。听闻这个消息,奥伦堡的学员们四处奔走,兴奋欲狂。加加林在基地里最好的朋友、和他同名的尤里·德古诺夫朝加加林冲过来狂喊:"斯普特尼克①!"加加林也很亢奋,但正如一些评价所言,这一历史时刻并未过多改变他的人生。他此刻投入更多的是飞行学校的期末考试,和对瓦娅与日俱增的爱意——他们的婚礼定在 10 月 27 日举行。他回忆道,那时迫近的婚礼压倒性地占据着他的脑子,根本无暇顾及什么飞向太空的臆想,况且,把人类送进太空此时确然还是一个遥远的梦。他哪里想得到,仅仅三年半的时间,他就将置身于地球轨道之上。

瓦娅对火箭将在她丈夫一生中扮演何种角色一无所知。她嫁了一个迷人的、但总的说来很普通的年轻飞行员,不是日后的航空英雄。她一定知道这中间所要担负的巨大风险,简单地说即是:她必须随加加林在一座座拥有空军机场的陌生小城之间搬来迁去;还须日复一日忍受丈夫早晨出门而晚上就回不来的可能性……她需要适应这样的生活。她有权期望军队会提供住房、医疗、养老和未来孩子的教育,但作为对等的付出,如果丈夫在飞行任务中牺牲,她必须默默地承受悲伤。许多和她一样的妇女都承担着同样的精神紧张,某种程度上来说,她们倒是可以互相分担一些压力。瓦娅和很多飞行员的妻子成了非常要好的

---

① 斯普特尼克(Sputnik),由苏联发射的世界第一颗人造地球卫星,俄语原意即是"卫星"。

密友,之后是和宇航员的妻子们。她唯一没想到的,就是成为世界上最出名的男人的妻子,她只是个害羞、内向的女人。

1957 年 11 月 6 日,加加林以优异的成绩和空军上尉的授衔从奥伦堡毕业,并分配到一个合适的工作,即便如此,瓦娅也没有什么兴奋的感觉。毕业后不久,加加林就被派往摩尔曼斯克最北边的尼科尔空军基地——北极圈内还要往北 300 公里的地方。他要在那里驾驶米格-15 执行巡逻任务。瓦娅随夫到了这个极寒之地,刺骨的寒风、长时间浓重的黑夜点缀着几个小时昏暗的白昼。1959 年 4 月 10 日,就是在这里,诞生了这对夫妇的第一个女儿——列娜。

在尼科尔漫长的冬季中,飞行条件极为恶劣。冰雪威胁着米格飞机的控制板;并且,在天地一色、看不见地平线的地方,雪盲症是飞行员持久的威胁。机上的电子设备和降落装置在这样的严寒中也会变得迟钝。雪盲的飞行员只能依靠地面控制雷达发送的雷达信标在跑道上安全着陆。即使是晴天也有危险。加加林有一次让飞机在覆盖着透明薄冰的跑道上降落,跑道就像泼了看不见的油一样,加加林在奥伦堡哪里见过这样的情况,飞机剧烈地侧滑,起落架轮胎都在紧急制动的拉力中爆了胎。

加加林在奥伦堡的好朋友尤里·德古诺夫,经历了艰苦的训练后也来到了这里,但是在尼科尔的第一个月他就坠机身亡,这给了加加林极大打击。瓦娅回忆说:"一连好几个星期,尤里都失魂落魄,整夜失眠。只好用镇静剂和安眠药,至少能让他从悲伤里逃脱一小会儿。"[10]

第二章　募兵

1959 年 10 月，一些神秘的征召队伍突然造访苏联各大空军基地，尼科尔也在其中。他们没有说明自己的所属机构和想要的人选。但是，一批批的飞行员——每批 20 名左右——被叫去办公室与一些"医生"交谈、备选。几天后，待选人数逐渐变少，幕后的神秘会诊淘汰量惊人，最后征召人开始对每个基地的约 12 人名单上的飞行员进行多对一的面试。这些被选中的幸运儿被送到莫斯科博尔登科军医院再次进行一系列更加严格的体检。总的来说，这次征召中的飞行员十之八九都被淘汰，所有的决定在暗中秘密进行。

在加加林的公开言论中他回忆过，在博尔登科医院，单眼睛的测试就有 7 个，还有数不清的与心理学家的面谈、噩梦一样的数学测验。并且测验的同时，从要求佩戴的耳机里还会传出温和的声调在耳边诉说着干扰答案。他需要集中所有注意力于自己的思路，并抛开那个"殷勤朋友"的耳语。医生们"像国家公诉员一样不苟言笑，心脏状况是他们监测的重点，他们能从中读出你一辈子的经历，不留给你丝毫躲藏的空间。他们用击锤敲打你身体的各个部分、把你放上仪器扭来扭去，以及测试内耳前庭器官等等，总之，从头到脚，不放过威胁健康的任何一道裂纹"。[1]

加加林和考官的面谈内容未见于史料。但同为尼科尔空军基地飞行员的格鲁吉·薛宁步加加林之后也被选中参加宇航员训练，他的面试经历或与加加林类似。"一开始我们的话题很普通、很无聊。我喜欢在空军服役吗？我喜不喜欢飞行？业余时间读什么书？诸如此类。几天后，第二轮谈话开始，这次绝大多数人都没有收到面试通知。这一次的话题就是精心设计的。"薛宁一头雾水地去了莫斯科，被盘问一空、筋疲力尽地回到尼科尔基地，但是，他明显已经被医生们选中，神秘的工作在等着他。在最后一次交谈中，面试官让他坐下。"他们问我：'你想不想驾驶一些先进得多的飞机？'我突然有些明白了。"那时，一些空军部队已经换装了一批高性能战斗机，薛宁以为好运即将降临尼科尔基地。不过，面试官对驾驶新式米格这种平庸之举毫无兴趣。"他们问我：'如果是驾驶一种全新的东西呢？'我的兴趣一下被浇灭了，我知道很多飞行员被调去当了直升机驾驶员。"薛宁认为直升机复杂、没速度、不好看，最重要一点，不气派。"我是战斗机飞行员，"他恳求道，"我特意选择的是战斗机飞行学校，你们现在却让我——"

其中一个面试官打断他："你错了。你还没明白，我们说的是运载火箭的长距飞行，环绕地球的飞行。"

"我吃惊地张大了嘴。"薛宁回想当时的情景。但他还是接受了这个安排。加加林在他前几周就被招走,虽然没有资料证实,但他和瓦娅一定非常乐意从摩尔曼斯克带着荣誉全身而退。他告诉瓦娅他被选为几种新式飞机的试飞员,驻地在莫斯科城外。于是,1960 年 3 月 8 日,这对夫妇开心地把空军基地的标配家具送给了另一家人,离开了尼科尔。

在新工作开始之际,26 岁的加加林发现,自己成了为了全苏联 2200 名候选人中脱颖而出的 20 名飞行员之一。这有史以来第一批宇航小队成员将发展出情同手足的感情,尽管(如果难以启齿的话)他们确实存有竞争关系。加加林和同袍盖尔曼·斯捷潘诺维奇·季托夫的关系就显得暧昧不明——两人暗暗展开着对人类进入太空第一人的争夺。

在其他宇航员看来,加加林轻松随和;盖尔曼·季托夫则清高自傲,就算是对自己的朋友,有时也显得陌生冷淡。他喜欢滔滔不绝地背诵诗歌,引用一些故事和小说片段,其中不仅包括当时许可的出版物,还有一些旧沙皇时代的真正的文学作品。他的父亲斯捷潘·帕夫洛维奇是一名教师,他给儿子起名“盖尔曼”,就取自亚历山大·普希金《黑桃皇后》中男主人公的名字。[2]

季托夫是个极其冷静的人。1950 年他刚 14 岁,在一次自行车车祸中摔断了手腕。但他没有跑回家哭诉,只装作无事一般,暗中自己照料着伤处,因为他已经定下去一所飞行学校接受基础训练,他不想失去这个机会。1953 年,他终于收到了学校录取他为军事学员的书面通知,他担心军医会拆穿他的把戏,可事实上医生并没查出什么，被他蒙混过去。他从此习惯了每天清晨在双杠上锻炼，直到他长期隐疾不愈的手腕练得和正常人一样灵活。在伏尔加格勒空军基地训练两年之后，他出色地毕业，接着在 1959 年，和加加林一样，接受了神秘来访者的调查。医生以高于空军的严苛标准对季托夫体检，X 光也没能发现他有任何毛病。他理所当然成为了首批 20 名宇航员中的一员。后来医生对他说，如果他们当初知道他手腕有旧伤的话，就不会批准他加入。

加加林的一切阴晴都写在脸上，而季托夫的双眼却仿佛蒙纱般阴郁难测。他鼻子生得一丝不苟，嘴唇时时绷紧，显出反对的意味，神情近乎高傲。他做事雷厉风行，不惮陈述自己的想法。他把制服穿得潇洒利落，一头光洁微卷的头发，十足一个布尔乔亚骑士军官，加上那些诗歌营造出的派头，让人对他的阶级立场产生怀疑（其实这仅仅是因为他读过一些书，以及他父亲是老师的家庭背景）。季托夫不是那种在崇尚平均主义的工农天堂能如鱼得水的人，幸好这个天堂还留给他一处施展的场所。在苏维埃社会为数不多的鼓励个体卓越的领域里他证明了自己的卓越：在天上，驾驶米格保家卫国。

阿列克谢·阿克西波维奇·列昂诺夫是加加林宇航员生涯中另一位重要的战友。两人同为 1934 年出生，但列昂诺夫圆润的脸蛋和稀疏的头发总让人以为他已近中年。他年轻时想过投身艺术，1953 年他甚至在里加艺术学院入学，但鬼使神差地又改了主意，转投丘古耶夫的空军学校。在那里他成为一名出色的空降兵,后转为教官。短小的身材常常掩盖他绝佳的身体素质,他在击剑和跑步训练上自律极严,每天清晨总是长跑4公里。当征召人员1959年来到丘古耶夫,列昂诺夫毫无悬念地当选。[3]

列昂诺夫有幽默作剧的天赋,只要他本人不动了真火,别人都能被他逗得很开心——尽管他在事业上的决绝和进取丝毫不落旁人之后。只要事关工作和训练,他就能瞬间严肃起来。正是幽默和职业精神为他赢得了众多拥趸。成为宇航员之后,他对艺术的追求并未荒懈,他随身带着速写本,甚至在太空中也是,最终成了苏联一数二的太空题材画家。他与加加林在早期的训练中就成了挚友。"我一下就发现这是个善良的家伙,"列昂诺夫如今说道,"尤里爱护朋友,给他们最大的关心。他对旧友和新朋都情深意笃。我和他交情很深,因为我们认识时间很长,他成名之后这点也没有改变。"

1961年1月11日,一所特别的宇航员训练中心在医学家叶甫根尼·卡波夫的领导下建成。他的副手,直接负责宇航员训练以及确保"意识形态可靠度"的是尼古拉·卡马宁,一个勇往直前的没有任何幽默神经的铁血老兵。宇航史专家詹姆斯·奥伯格描述他为"年迈的战斗英雄、宇航沙皇、纪律至上者";[4]据与苏联宇航计划有着千丝万缕联系的记者雅罗斯拉夫·格洛瓦诺夫回忆,他就是个"恐怖的恶魔,恶人,十足的斯大林式的恶棍"。那时,很多宇航员都对卡马宁不满,但他严酷的军事纪律、对细节的不懈追求、对学员最高标准的要求,事实上都为学员今后成功(大多数情况)应对险恶的宇宙环境打下了良好的基础。

当加加林和 19 位同伴来到训练场时,根本没有几样称意能用的训练器材。卡波夫和卡马宁在莫斯科东北向 40 公里外选了一处白桦和松树密生的林子,1960 年开始,他们在这里建起了"Zvyozdny Gorodok"——太空城。密林中央开垦出一大片平地,训练场四周林木环伺掩映。中央建起了旅社、营房,还有一些存放训练器械的矮房——在吃尽了加压、隔离的苦头后,学员们方才知道这些器械的厉害。最终,太空城俨然一座小镇的模样,酒馆、旅社、运动馆和管理中心样样俱全,独立于密林中存在。在这个秘密社区往南不远,契卡洛夫斯基军用机场[①]为喷气机训练员和运输机提供简易的降落跑道,以及宇航员和家人的食宿。

尽管太空城已自蔚然大观,但外界很少有人知晓。沿着茂密松林穿过契卡洛夫斯基的小路有效地掩盖着林中的一切。小路右边的岗亭护卫着树林的一处缺口。如果不是岗哨和足以承受重型卡车的柏油碎石路,这条路通常都被误认为是伐木工人来往的小道,或是通往一处旧农场的捷径。

加加林和同伴开始为登入太空摩拳擦掌时,太空城的器材、设备几乎都不可用。他们需要前期的理论和体能训练,地点被

---

① 契卡洛夫斯基机场是位于莫斯科东北 31 公里的空军基地,为太空城以及后来的"尤里·加加林宇航训练中心"提供航空勤务支持。

放在了莫斯科众多的医学、科学研究院，特别是位于列宁格勒大道的茹科夫航空学院。最不受欢迎的训练地是奥列格·卡赞科领导的、彼得公园附近的医学和生物问题研究院。在这里他们需要面对"密室"的挑战：一间带有气闸室的密封大罐子，内部只储存了极少的生存必需品。医生们将受训者锁在里面，根据他们的科学奇想升高或者降低内部的气压。接着，受训者还有一系列任务：数学计算、智力测试、肢体运动等等。总之，让里面的人怎么难受就怎么待着：不许说话、不许看书、不许和外界交流——除了和观察者有限的对话。一次训练时长从一天到十天不等，受训者事先并不知道这次的时间长短。这个训练是想得知人类是否能够忍受宇宙中的无聊和孤单，保不齐飞船什么时候就滞留在归途上，孤悬数天于地球轨道之上。以上是苏联官方对密室的解释。对于受训宇航员来说，选择极其简单：微笑面对，如果你还想进入太空的话。

加加林顺利地通过了几次这样的训练，虽然身心无甚大碍，但仍表示这样的经历"太紧张、不舒服"。密室内设有定时钟表，到时就有心理学家来询问加加林心态感受。在他一一陈述之后却往往没有回音答复，以致他不能断定对方是有意如此，还是赶巧就在此刻去吃了早饭，或是晚饭——因为没有窗户，仅通过舱内时钟并不能知晓晨昏。往往当他刚想入睡，舱内电灯就亮起来，他刚一睡醒又或任务在手，电灯却骤然熄灭。时间在舱内失去了意义。"在这样的与世隔绝的环境，人容易沉浸在过去的回忆里，"加加林后来说，"但我却集中注意力于未来。我闭目想象自己踞身'东方号'①,大陆和海洋都在身下漂移。"[5]

记者莉迪亚·奥布科娃曾获准目睹了这样一次测试(但不许她公开报道,直到 1961 年 4 月加加林飞行成功之后几个月):

加加林在密室里和自己开起了玩笑,他也可以用麦克风对外面任何一个当班的人说话,虽然他不期望有任何回答……一些日子过去,密室之外的人都知道这天是加加林测试的最后一天,然而他本人对此一无所知。他以舱里有限的几件物品为主题,在里面哼起了歌。"我的电极啊……一个有着黄色的电线……另一个有着红色的电线……"医生解释:"在密室里他已经找不到任何兴奋点了,所以他需要寻求一些新的刺激,就像游牧民族在沙漠中吟唱他们见到的所有东西一样。"[6]

加加林毫不在意心理学家们施加的此类精神折磨,一心企盼着训练过后的最后大奖:进入太空。他是这样爱笑、讨人喜欢,在严肃、满腹诗篇的知识分子季托夫面前,他绝对是个不谙世事的农家小伙。而后者,同样自律和勇敢地经受着一项项的训练。

轮到季托夫进入密室了,他是为数不多对这项测试的目的

---

① "东方号",世界上第一种载人太空舱,1961 年加加林正是搭载"东方号"完成了
人类第一次太空之旅。

有着深入思考的宇航员之一。这不仅是考查身体在不同大气压下耐受度的问题,也不仅是抵抗寂寞的问题,他相信,除此之外,还有无数不起眼的测试需要警觉。"他们说密室密闭无声,这是胡说。空调在开动,换气扇在工作,四处响成一片,你只能尽快适应它们。当然最主要的问题还是孤单。你能孤身一人打发10天吗?没人从钥匙孔看你,但你知道自己一直被监视。"

食物罐头和炉具似乎都暗含了某种测试。密室里只有少得可怜的生存必需的饮用水。测试的第一天,一些心急鲁莽的宇航员在漫长的无聊时光里受熬不过,拧开罐头就把食物倒进锅里,用炉具加热,风卷残云地吃掉。吃掉之后才发现密室里没有清洁煮锅的工具,而他们还将面临无数次用餐。季托夫说:"我认为我的法子是聪明的。我直接把罐头放进有水的锅里加热。我吃掉罐头然后扔掉它们,没有任何东西需要清洗。"反复煮开后,季托夫锅里的水都是可以饮用的开水,利用率也高。这样,他的水也有富余,他的锅也很干净,测试的心理学家们都很高兴——或者说,他们没有什么可不开心的,这是密室测试中宇航员所能期待的最好结果了。

季托夫在密室中看书的要求曾被驳回,但他最终战胜了医生。他要求医生给他一本《叶甫根尼·奥涅金》,第一次回答是否定的,绝对不可能。消遣是绝对不允许的。但季托夫开始说服他们相信,他只是要这本书来当作自己的护身符,一个愚蠢的幸运符而已。"我告诉他们这书我已经倒背如流了,我讨好、劝说,终于他们把书给了我。我当然是从来没看过这本书!"如此,季托夫可以美美地在密室读书度日了。

有一段视频资料拍摄的即是医生隔着厚玻璃观察，密室中的季托夫正愉快地背诵着普希金的诗句。他看上去极端的自信，闪耀着对自己记忆力和广博的文学修养的骄傲光芒。不幸的是，他就像个布尔乔亚一样，料定自己优于常人的教育会给自己带来优势。无奈他将会失望地发现，他从一开始就全错了。

他在旋转离心机面前开始不那么自信了。那是个位于长臂末端的小型舱位，通过旋转模拟重力加速度载荷的增减。这是世界上所有飞行员和宇航员的保留节目，所有人对此又爱又怕。像季托夫这样骄傲的飞行员，如此将自己托付于他人的操控实在是一件懊恼的事。"我也能操纵飞机飞出高负载的翻滚动作。但一旦受不了，我马上就能重操局面；而离心机很可恶，它不停地给你加压再加压，你无法控制，只能像小白鼠一样任人摆弄。"

加加林也不喜欢离心机，虽然他在承重上可算天赋异禀。他以前在空军离心机上承受过峰值大约是 7 个 g（重力加速度）的压力。在米格战机上达到过 9 个 g，高速转向时或许有 10 个 g。现如今在训练课上的离心机上这个数值达到了 12 个 g。"我的眼睛合不上，呼吸困难，面部肌肉扭曲，心快得要脱腔而出，血在静脉里像水银一样沉重。"[7]

或许最痛苦的项目要算是"缺氧训练"了。宇航员被关在密室，空气被一点点缓慢而无情地抽出。如果要宣称自己是太空任务的合格人选，加加林必须毫无怨言地经受这一关。医生把他关进舱内，通过电视机屏幕看到他在内部的活动：在一本笔记本上重复写自己的名字。记者莉迪亚·奥布科娃亲眼见证了这一幕,同时也有技术人员拍摄的视频资料存世。随着舱内含氧量下降,加加林的笔迹愈发歪斜飘忽,最终变成了涂鸦画符一般。空气继续排出,本子和铅笔都从加加林手中跌落,他双眼发直,一下晕了过去。他的意识阈值应该足以帮他过关,不然只此一项就可能让他从宇航小队里除名了。有理由猜测,加加林和队友们都对这个测试厌恶到了家,因为他们都在医生面前出了大丑。资深航天工程师们亦有同感,并质疑这些医生从一次次让自己的测试对象窒息上能得到什么。宇航员在地球轨道失去氧气供应的唯一情况就是太空舱裂了口,这种情况下,太空服头盔的面罩会立即合上,切换到紧急备用供氧。如果船舱和太空服同时裂口,那宇航员就只有死路一条了,但这两种情况同时发生的几率微乎其微。在太空中,你要么有空气呼吸,要么就是死,没有第三条路。所以火箭工程师都认为"缺氧训练"没有意义,但医生们并不同意。

对慌乱的宇航学员来说,接下来的跳伞训练算是一项放松课程。这时他们可以轻松地逗弄医生们,因为他们大多不敢和这些前飞行员一同跳出机舱。这项课程的教官是尼古拉·康斯坦托维奇——一位跳伞专家,他的光辉事迹是破纪录地从15000米高空自由跳伞。未来的宇航员返程时需要在近似的高度被弹射出来并开伞落地。康斯坦托维奇的任务是展示在高空一切可能出错的情况。比如,跳伞时常常会有"螺旋问题",即弹射失败会让飞行员堕入让人恶心的螺旋状态,或者弹射成功,但飞行器翻着螺旋跟头。在这两种情况下飞行员打开降落伞都非常危险,因为伞绳这时会像麻花一样缠绕在一起,丝质的伞盖也不可能打开。飞行员需要稳住下落的势头,抓住机会在正常情况下打开降落伞。康斯坦托维奇教给学生们如何自行破坏正常的跳跃,然后在扑向地面之前重新控制局面。"这非常难受,"加加林回忆道,"你的身体高速转圈。头灌了铅,双眼刀割一样疼。最后身体会耗尽气力,完全不辨方向。"[8]

除了宇航员,另有一队人马和他们进行着类似的医学测试——类似,不过更为残酷。这批年轻人挑选自航空学院,标准比宇航员略低,他们不是战斗机飞行员和一流的理论家,只是普通资质的年轻士兵。招募时面试官不会直言询问他们是否愿意在太空中飞行,他们只是被告知获得了一次"参与"的机会——这个说法巧妙地转移了重点。

他们的工作就是测试人体所能承受的各种极限。如此,精贵的宇航员就能照此被推至他们的极限并止步于此。和宇航员不同,测试员的角色并未受到专业承认,小伙子们也只按他们之前的士兵、机械师等等军职获得报酬。他们受到招募方的优待,心理上产生了高于从前的优越感和自我实现感,但事实上他们的地位并不比实验室用过即弃的小白鼠强多少。当他们受伤——他们确实会受伤——没有任何补偿给予他们或家人,因为当局并不希望公开承认他们正在进行的工作。直到如今,早已过了保密期,俄罗斯宇航当局仍然对当年测试员给予早期航空事业的贡献讳莫如深，更别说他们对高性能战机、空降、弹射系统和空军飞行服发展的助益了。超过 30 年，一共大约 1200 名测试员参与到了各式的研究项目中。

这群年轻的志愿者无一不是刚直倔强的军人，不轻言失败，特别是在同袍面前。在测试过程中，如果他们感到不能承受的不适是可以退出的，但实际上这样的情况少之又少。和梦想第一个进入太空的宇航员一样，他们也有为之攀爬的荣誉高峰。谁能承受最高和最低的气压数值？谁能征服弹射座椅①的最高加速度、承受肝胆俱裂的撞击？谁能在离心机上忍受最久、最大的载荷？谁，是这群人里最硬、最够胆的勇者？

退伍老兵谢尔盖·涅费奥多夫当年就是这群人中的一员。他带着苦涩的笑回忆起往事："一开始我们不知道参加的是什么测试，但后来一切都很清楚了。他们说要对我们进行'软着陆'试验。我们都笑了！测试员需要从某个高度被弹射出来，不能讲非常高，但也不低。这是对太空舱着陆的真实高度的模拟。我们都受了伤。最严重的情况是由于器材出了毛病带来的。一些伙计在测试后就再也站不起来了。"

涅费奥多夫如今谈起测试人员是如何在离心机上战胜那些娇气的宇航员的，毫不掩饰自豪的神色。"我在 10 个 g 上保持了 7 分钟，宇航员只能忍受两三分钟，12 个 g 时也就 20 多秒。

---

① 此处弹射座椅（Catapult Sled）是一种航空人员的训练设备，是在一截轨道上利用动力将座舱加速的装置。

我的伙伴维克托·科斯金曾经在弹射座椅上忍受了强烈的撞击，短暂地达到过 27 个 g。这时间相当短，只能用毫秒计算，有一次他到过 40 个 g。我想说，我们并不是为了创纪录而追求这些数据，我们是想测试人体的耐受程度。我们从不用'纪录'这个词，因为我们不能像运动员那样宣称我们又破了一项纪录！"

这真是让人沮丧，测试员不能告诉任何人他们的辉煌成绩，他们有多棒，因为他们的职业是高度机密。他们很清楚自己的测试比宇航员严酷得多。有时他们也透过仪器表盘和显示屏观察那些医生，也生出疑惑。涅费奥多夫说："一方面，（医生）是一种人道和慈善的职业，但另一方面，当载荷爬升，技术员问：可以停止了吧？测试人员看上去好像受不了了，你看他脸都憋紫了，心跳超速，汗流浃背，但医生却没有停止的意思……"

"测试员非常危险。负责测试项目的资深专家谢尔盖·莫里丁说过——我这里引用他的原话——'我们用一些狗做过试验，一半都存活了。你知道，人要比狗强壮得多。'这简直就是个笑话！因为我们的测试造成了怎样的结果完全不在预料之中。即使我们没有丧命，后半生也落下了残疾，因为肺部、心脏和其他内脏都不同程度地损坏了。当然，我们是可以在任何时候都拒绝测试，但有一些潜规则是你不能拒绝的。如果你拒绝了一次，那这将是最后一次，之后你就被开除了。"

涅费奥多夫说，20 世纪 60 年代和他共事的测试员有一半都没有活到 90 年代。但对于这个职业，他并不悲伤，一点儿也不。对于自己对太空计划付出的牺牲，他深感自豪。"我唯一伤心的是,我们的职业并不被承认。我们是高度保密的,国家没有给我们提供社会保障,没人统计测试员长期的健康状况。我的老朋友们和老同事们,如今都纷纷离世了。"他还回忆了当初最恶劣的一个试验,是模拟太空船的空气净化系统失效的。"在潜艇里,如果二氧化碳含量达到 3%,那就足可以进入紧急状态了。我和我的一个同事,同在(医学和生物问题研究院的)密室里,二氧化碳含量从 3.5%、4%,最后达到 5%。老实说,在那种情况,你根本无法呼吸,脸很快变成了不知什么颜色,嘴唇发紫,脑子停转,头痛欲裂,浑身无力。我们开始流鼻血,但我们仍然坚持到了规定时间。我还记得我对他说:'再挺半个小时,就快过去。'当过了半个小时,我会说'再挺半个小时'。我一直在以这种方式鼓励他。"

叶甫根尼·吉鲁申还能真切生动地记起在离心机上的感官变化。那时身体被推至的极限压力超出了一切定义。"突然出现了光芒,这真是很有趣,一开始是黑的,但后来变成了黄色、紫色,光芒穿过某种空旷的所在,你就丧失了所有真实感官,你感到自己是大脑、是手、是眼睛。所有的压迫感都集中于座椅上,突然间,你到了你身体的上方。你变得没有重量,好像从半空看着自己。这就是转折的一刻。你所有的成绩都在这短短数分钟发生和成就。但毋庸置疑,这是个可怕的试验。"

涅费奥多夫记得他和加加林第一次私下见面是在 1968 年 1 月 2 日。当时这位人类的第一位太空人前来与医学实验小组的全体人员见面,并和测试员们共庆新年。"那时我刚开始爆炸性减压①的试验,我对此兴味盎然。他不断地问我:'这试验是什么样的? 你不害怕吗? 有没有模拟气压骤降到海拔 5 万米的状态?'我很高兴和他聊这些。但突然他话锋一转,问我为什么看上去这么悲伤。我很平静,或许在他看来这就是悲伤。他热情地抱了抱我,说:'谢尔盖,一切尽在你掌握。你一定有着无与伦比的理想。'"

无与伦比的理想。宇航员是有的,全世界都这么赞颂他们。测试员也有,但无法言说——除了对加加林,他能够花时间,哪怕是短短一面之晤,哪怕是言辞不尽达意地,去理解一个年轻小伙子为何自愿参加爆炸性减压这样无比危险的试验。

事实上,这类高危工作一向不乏志愿者。弗拉基米尔·雅兹多夫斯基——苏联早期太空计划的高级负责人回忆道:"自从小狗莱卡②搭载'斯普特尼克二号'之后,科学院③收到了将近3500 封申请,有从监狱寄来的,有从国外寄来的,各行各业,说'你不需要拯救我,送我上太空就行了'。我们当然一封也没有回复,在我们还不知道如何把人送回来之前,我们是不会把人送上太空的。"

---

① 爆炸性减压(Explosive Decompression),密闭容器如飞行器内因材料疲劳或工程失误造成舱体破损,从而气压骤降的事故。处于容器中的人肺部空气剧烈急速排出,有很高的危险性。
② 小狗莱卡,人类送入太空的第一只地球生物。1957 年跟随苏联太空船"斯普特尼克二号"进入地球轨道,但在飞行了 5~7 个小时就因压力和过热死亡,成为第一只在太空死亡的动物。
③ 应是指前文提到的茹科夫斯基航空学院。

第三章　总设计师

有 这样一个人物,对加加林影响至深。他先隐于幕后,后来成为了加加林的朋友以至于强有力的保护者。他不是宇航员,虽然年轻时学习过飞行技术,他模糊地居于宇航计划的最高管理层,苏联航天业内都叫他"皇帝"或者"大佬中的大佬",又或亲切地以他名讳的头两个字母 S. P. 代称。他的全名从未公开,因为当局声称他的身份是国家的绝对机密。在许多广播、报纸对苏联火箭工程成就的报道中,他只有一个名字——"总设计师"。

谢尔盖·帕夫洛维奇·科罗廖夫,1907 年出生于乌克兰,在莫斯科上学。1930 年他成为飞机设计师——在对火箭发生兴趣以前。开始他把火箭看作是飞机的一种有效动力源,在 20 世纪 30 年代末他终于认识到,火箭本身就能成为一种极具潜力的运载工具。[1]

战前的军事战略家对早期火箭先行者的工作投入了炽热的

兴趣。米哈伊·图哈切夫斯基元帅①资助了一家藏身于圣彼得堡的彼得罗帕夫洛夫斯卡娅城堡坚壁之内的研究中心——气体动力实验室,还有一家反作用力推进实验室位于莫斯科中心,对相同的问题进行研究。通过这些努力,科罗廖夫的同行瓦连金·格鲁什科成为火箭推力室、燃油泵设计方面最有希望的专家。这时的科罗廖夫正在思考一些更为整体性的问题,比如如何把引擎、油箱、制导装置和载荷几方面通盘考虑,以致火箭能在高层大气完成投弹、气象测量的工作,并有朝一日探索太空。

图哈切夫斯基元帅意在用"火箭炸弹"装备红军。1933 年,他启动了一个重要的合并计划,将一系列火箭研究项目归入统一的军事项目当中。但不幸的是,出于对能人的猜忌,斯大林于 1938 年发动了大面积的对军官阶层的清洗,作为他对苏联全社会恐怖统治的一部分。图哈切夫斯基 6 月 11 日被捕,当夜即被枪决。陡然间,他召集、资助的所有火箭工程师都涉嫌怀有反对斯大林的不臣之心而被逮捕。[2]科罗廖夫在 6 月 27 日被抓走,判其在西伯利亚 10 年苦役:等于被判了死刑。

1941 年 6 月,德国侵略军对阵毫无防备的苏联红军,节节胜利。斯大林这才对战前清洗军官的行为悔恨不已。此时剩下的指挥官皆是一色的阿谀谄媚的庸碌之才,疏于战阵和谋略。此时,科罗廖夫和其余重要的工程人员也已从劳改营中放出,重新

---

① 米哈伊·图哈切夫斯基(Mikhail Tukhachevsky),军事战略家,苏联第一批五大元帅之一,有"红军拿破仑"之称,在大清洗中被以间谍罪处以死刑。

在飞机和武器厂里工作——不过还是在卫兵的看守之下。战争将至尾声,科罗廖夫彻底获得了自由,声誉也逐渐恢复。1945 年9 月,他被派往残垣断壁的德国腹地寻觅超凡卓越而又恶名远播的 V-2 火箭的资料,它的设计者是沃纳·冯·布劳恩[①],当时美军还没带走这些资料。之后的整个 50 年代,科罗廖夫以极大的能量和决心,研制出了一系列越来越精密的火箭、导弹,格鲁什科则为它们设计了非常高效的推进器。

对一个西伯利亚劳改营的幸存者来说,和竞争者争锋、和克里姆林宫不肯出力的官员讨价还价这种事实属小菜一碟,特别还是在 50 年代末 60 年代初——尼基塔·赫鲁晓夫执掌政权的后斯大林时代,政治环境远较之前宽松。科罗廖夫大受鼓舞,抓住机会建立了蛛网密布的关系网络,在苏联航天领域无人能及。1956 年,他已经稳稳地操控着自己的工业帝国,其核心就是位于莫斯科东北加里宁格勒的秘密工厂——公开名字是第一特别设计局(OKB-1)。在这里,科罗廖夫是说一不二的统治者,虽然名义上他要向国防部长乌斯蒂诺夫元帅、以及名字语焉不详的通用机械制造部("通用"在这里其实是"特殊"的意思,暗指火箭和卫星制造)负责。

1961 年,莫斯科记者奥尔加·阿本切科描写了一段科罗廖

---

① 沃纳·冯·布劳恩(Wernher von Braun),德国著名火箭专家,他带领研制的 V-2 火箭是第一种用于实战的弹道导弹,战争中给英国带去了巨大灾难。战后布劳恩及其研究小组投降美国,在美国从事导弹、航天研究,取得了一系列重大成果,被誉为"现代航天之父"。

夫大步走在第一特别设计局走廊和车间的文字,虽然她已尽量避免提及他和他工厂的名字,从这段文字中似能看出科罗廖夫的威信。按照惯例,她只是称他为"总设计师"。

> 航天工程的总设计师脸色黝黑,神情严肃,特征突出,但有些东西他并不刻意外露。只要他一走进房间或工作区,我就能听见周围啾啾的耳语。很难断言这些交头接耳意味着什么——畏惧、尊敬,或者二者兼有。每当他走进车间,风景就会大不一样。技术员的动作会更加小心和精确,似乎机器的嗡嗡声也改换了节奏,具有了某种韵律。这位先生有着加速转轴和齿轮的能量。[3]

尤里·马兹霍林是科罗廖夫的一位高级技师,研究弹道制导。他说科罗廖夫"是个出类拔萃的人物。事无巨细,你都可以和他聊。你没准儿认为他的服刑经历摧毁了他的精神世界,但正好相反。我第一次和他见面时我俩都在德国调查 V-2 火箭,那时他就是一个帝王,一个意志超强、目标清晰的人。他非常严格,要求苛刻,他会批评你,但不侮辱。当你据实相告,他也总能虚心接受。事实上,人人都爱他"。

只能说"几乎人人"——比如瓦连金·格鲁什科这个同样争强好胜的人。只在他的推进器装备了科罗廖夫的火箭之后,两人才尽量避免直接对抗,不过这两个苏联火箭圈子的巨人总是难以融洽相处。两人紧张的关系无疑要追溯到 1938 年夏天,当科罗廖夫等人发配西伯利亚劳改营时,格鲁什科却由于某种原因仅仅在家软禁 8 个月。所以有揣测认为,格鲁什科出卖同事为自己减刑,而科罗廖夫则承担了守口如瓶的后果。米哈伊·杨格尔和弗拉基米尔·切洛梅则是科罗廖夫另外两个对手,前者在乌克兰第聂伯罗彼得罗夫斯克研制军用火箭,而后者,很识时务地安排了赫鲁晓夫的儿子谢尔盖去他那里担任工程师。

至此,科罗廖夫的小王国最大的威胁来自于克里姆林宫的高层军官和国防部,他们认为科罗廖夫的太空计划拖了武器发展的后腿,但科罗廖夫巧妙地设计出一种导弹/航天两用火箭,并力证他的载人宇宙飞船完全可以改进为无人间谍卫星。如此一来,他成功地将军事用途和自己的航天目标捆绑在了一起,就此击败了杨格尔和切洛梅,直到 1966 年去世前都保持着对苏联航天项目的牢固掌控。他又天才地对主要的航天器部件进行了标准化改造,让载人和无人运载工具的系列都能以类似的材料组装而成,这连美国航空航天局(NASA)的工程师们也难望其项背。

美国航天专家安迪·艾德林("阿波罗十一号"宇航员巴斯·艾德林的儿子)分析科罗廖夫的狡黠:"导弹计划的负责人战时就同科罗廖夫一起工作,他们的工作很大程度上要依赖科罗廖夫,所以他们不想和他发生正面冲突。这些武夫不懂技术,更要倚重他。所以当他说'间谍卫星行不通,我们得先做载人舱',他们没有选择,只能听他的。你可以说科罗廖夫是在唬他们……但你得承认他确实很会玩政治。"

苏联科学院院士穆季斯拉夫·凯尔迪什是总设计师最强有力的盟友之一，一直支持着太空任务和地球轨道的科学实验。他是导弹和火箭弹道的数学专家，和科罗廖夫一样，他也精通政治手段，为了定制规模庞大的计算设施，他在莫斯科网罗了大量的支持者。科罗廖夫建造火箭，他设计路线。

最让科罗廖夫恼火的事就是他仍不得不依赖于与红军的愚蠢合作，因为他的火箭、导弹天生就和军事领域分不开。他确实可以挪军队物资为己用，但他却挪不走那些心怀猜忌的将军。不过，一旦有人妨碍了自己，他便如责骂下级一般呵斥。科罗廖夫的一位高级工程师，奥列格·伊万诺夫斯基回忆："在一次太空航行期间，有一个非常高级别的将领拒绝开通一条重要的无线电通信频道，科罗廖夫在公开的电话线路中对他咆哮：'你怎么干的工作！给我连上，要不然就回去从士兵当起！'我们都惊呆了，他怎么敢如此跟上级讲话。"

当科罗廖夫的项目于己有利的时候，第一书记尼基塔·赫鲁晓夫和他政治局的同僚非常支持他，虽然他们并不关心那些航空部件的细节。他们更看重火箭技术所带来的辉煌或潜在的政治影响，而不是工程细节。1955年科罗廖夫导弹和火箭项目启动初期，他邀请政治局高官视察工作，这一幕，被赫鲁晓夫记录在回忆录中：

科罗廖夫参加政治局会议，并作工作汇报。我不想夸大，但我们只能傻看着他呈现给我们的东西，就像一群羊第一次目睹装了新门的栅栏一样。科罗廖夫带我们参观火箭发射场,企图向我们解释火箭的原理。我们根本不信这玩意儿能飞。我们就像集市上的农民,围着火箭转了又转,摸摸这里,敲敲那里,看看它是不是够结实。[4]

科罗廖夫的同事谢尔盖·贝罗茨科夫斯基(他负责宇航员的理论课程)总结政治局对于宇航事业的态度即是:"那些大人物对科罗廖夫的态度是赤裸裸的功利主义。只要他对研发导弹防御国土一事必不可少,他就被允许做任何事,条件是载人航天研究必须要排在军事研究之后。所以这件事的关键就在于,科罗廖夫需要用同一种火箭既载弹头也载他的宇航员。"

他主要的劳动力是 R-7 导弹-航天两用火箭,建造人和宇航员都爱称其为"小七"。它的燃料是液氧和煤油,四级侧挂助推器,是世界上第一种洲际弹道导弹(ICBM)。"小七"的每一级都装配格鲁什科的四室推进器。不得不说格鲁什科的推进器是相当出色的,事实上,直到现在,新一代的 R-7 火箭还在使用这样的推进器把"联盟号"飞船送进"和平号"空间站①。格鲁什科的创新在于设计了压缩燃料泵和支持推进器同时 4 室燃烧的管线。R-7 身上的 20 个独立推进器,实际上只需要 5 个在工作就行了。

① "和平号"空间站是苏联的第三代空间站,世界的首个长久性空间站。1986 年发射,2001 年弃用坠毁。

R-7 的前两次发射都失败了,但在 1957 年 8 月 3 日,它成功地模拟洲际导弹弹道轨迹发射,紧接着两个月后的 10 月 4 日就开始了自己的服役生涯——发射"斯普特尼克",世界上第一颗人造卫星。

科罗廖夫以魔法般的速度取得了成功,这让安迪·艾德林大为佩服。"他和他的工程师团队在'斯普特尼克'发射之后正准备欢天喜地地休假,但两天后就接到赫鲁晓夫的电话:'同志,你得来克里姆林宫一趟。'他去了,和苏联的领导层齐聚一堂,他们说:'一个月后就是十月革命 40 周年的庆典。我们希望你再送一颗卫星上天,这很重要。'他们提议发射一颗卫星,在太空中播放《国际歌》,但科罗廖夫另有主意。他想在卫星里放上一只动物,这样就能为今后的载人航天做一些铺垫工作。就这样,在一个月之内,他和同事们从头做起,完成了这枚火箭,并成功发射。"

"斯普特尼克二号"在 11 月 3 日带着小狗莱卡飞向太空。苏联航空计划欲往何方已昭然若揭。"美国人面对'斯普特尼克一号'时已然大惊失色,现在又来了莱卡。这个黑暗、诡秘、落后、我们认为肮脏下作的世界另一极,居然一跃到了我们前头。"

最终,1958 年 1 月 31 日,美国用一枚小型火箭把他们的第一颗人造地球卫星"探索者一号"送入了地球轨道。赫鲁晓夫轻蔑地称之为"一颗柚子",因为比起"斯普特尼克一号"80 公斤、二号 500 公斤的体重,"探索者"堪称娇小玲珑,仅 14 公斤,尽管这次飞行通过范艾伦博士的简单仪器探知了地球辐射带①——20世纪最为重要的科学发现之一。[5]

　　1959年秋天,为了遴选合适的航天员,科罗廖夫开始浏览所有出色的备选人名单,直到1960年6月18日,那一天他召集了胜出的20名宇航员到加里宁格勒的第一特别设计局,实地参观在建的太空舱(那时离完工还差得很远)。阿列克谢·列昂诺夫记得当时总设计师说了一段意在缓解严肃气氛的开场白。"他说:'我们要做的是世上最简单的工作了。我们发明东西,找到合适的人来做。我们给全国最强的厂家发去了订单,当他们寄回我们需要的零件,我们把它们拼装在一起就成了。一点儿不难。'我们当然知道建造一艘飞船没这么简单。"尽管如此,宇航员们还是被科罗廖夫的热情和友好打动。他称他们为"我的雏鹰"。

　　据列昂诺夫说,加加林给科罗廖夫的第一印象就非常好,因为加加林听得认真,还问了一些切中航天和火箭关键的问题。在这样一个正式的、可说是半军事性的会面当中——新兵与上级的初次见面——加加林的好奇心极有可能就被解读为不合时宜的莽撞,但总设计师却不以为忤,很乐意宇航员们都直言相问。列昂诺夫说:"他告诉加加林起立,然后说:'我的雏鹰,跟我

---

① 地球辐射带,又叫范艾伦辐射带,是环绕地球的高能粒子辐射带,20世纪初挪威物理学家从理论上证明了它的存在,1958年美国物理学家詹姆斯·范艾伦用"探索者一号"上的盖革计数器第一次直接探测到此辐射带的存在。

谈谈你的经历和家庭。'在这十几二十分钟之间,科罗廖夫像是忘掉了其他人一样,我想,他是第一眼就看中了尤里。"

自傲的盖尔曼·季托夫从不畏惧总设计师的威仪。"我那时懂什么,一个年纪轻轻的中尉,两眼勇气,满心的无畏。"季托夫有些后悔。在接下来的数月经年,他和科罗廖夫的关系从未热络过。"可能是'一笼不容二狮'。我不是说我和科罗廖夫一样出色,但我们的关系一直很冷淡。"

尽管科罗廖夫对所有宇航员一视同仁,为他们将来的太空旅途提供同样的安全保护,他最喜爱的还是加加林和列昂诺夫两人。

介绍完毕,科罗廖夫陪同宇航员径直步入第一特别设计局的核心区——施工区。科罗廖夫和另一个高级航天器设计师奥列格·伊万诺夫斯基开始为大家讲解眼前的一切,不过这并不容易。眼前有 12 个航天器,有的只是个空壳,有的已快建成,根据工程进度一字排开。档案录像也记录了这一场景。每一个太空舱都是银色的球形,安装在包裹着管线的锥形底座上。底座下又是一个倒锥体,以精细蚀刻凹槽的金属片环绕包裹。双椎体部分是可拆分的设备舱,下面一个锥体的金属片是散热装置,那个大球体(所有人就管它叫"球")是宇航员置身的舱体。[6]这整个机器看不出一丝空气动力学、没有操作面板和明显的动力装置,没有起落架。它甚至不能自己立在地上,而需要一些金属支架的支撑,就像不牢固的建筑物需靠脚手架直立一样。"这是我们不能理解的,"季托夫说,"我们完全摸不着头脑。当然了,飞行员从没见过与之类似的东西。"

他们所见的，正是"东方号"太空舱。

大量的电线从仪器后面、导线管之中蛇行、蔓生出来，有的穿墙而过，有的从天花板上垂落而下。它们的末端都插入太空舱，测试、供电、断电，穿白大褂的工程师好像有着做不完的测试。

奥列格·伊万诺夫斯基以冗长地讲解太空舱细节著称，让宇航员昏昏欲睡。"他们让我说得口干舌燥。"他一直观察着面前这20张面孔、20个年轻人、20个名字，他们是未来的宇航员。这是伊万诺夫斯基第一次见到他们。"他们所有人都盯着飞行器看，大为好奇，就像是第一次目睹太空技术一样。我知道他们都是飞行员，对飞行熟悉得很，但也得说句公道话：他们谁见识过这样的新玩意儿呢？"

科罗廖夫打断伊万诺夫斯基的讲解，代之讲了讲"东方号"的飞行特点，好让这些米格驾驶员们更易理解，但他仍旧提醒他的听众："有很多东西你们需要学。我们不可能一天教会你们所有的事。我们有专门的课程，这样你们可以全面、系统地学。我们最后还会有考试。"

一个帅气的宇航员，咧嘴笑着问科罗廖夫："谢尔盖·帕夫洛维奇先生，你会给我们打分吗？"

"是，而且会给你打不及格！"科罗廖夫冲他喊道，"收起你的笑脸！笑个什么劲，尤里·阿列克谢维奇！"

科罗廖夫瞪着这个男孩，看他如何应对。他似乎有意杀一杀这孩子刚才因为办公室谈话而建立起的信心。加加林强压面部肌肉,换了一副严肃的表情,但却一点儿没被吓到,保持了高度的冷静,这或许就是科罗廖夫希望看到的。伊万诺夫斯基也经历过同样的事。几个星期前,科罗廖夫对他大发脾气,并且当场开除了他。他经常开除人,然后第二天早上又给人恢复原职。这是他发泄情绪的一种方式。这次,科罗廖夫在装配车间怒吼:"你别给我工作了,而且我要在你档案里记上一笔!"伊万诺夫斯基则还以咆哮:"你别想了,因为你刚才已经把我开除了,我再也不给你干活了!"科罗廖夫又嚷嚷了几句,但过了一会儿,这事就算过去了。总设计师钦佩敢于拂逆自己的人——这类人往往直言快语,不为保住工作而隐瞒重大问题。他对伊万诺夫斯基自此竟然信任有加。现在,该轮到这个来自斯摩棱斯克的农家男孩了。

突然,科罗廖夫转而邀请宇航员们近距离地看一看其中一个"东方号",这是一个用作地面测试的样本,绝大部分设备都和实际飞行的"东方号"完全一样,比如弹射座椅和控制面板。阿列克谢·列昂诺夫说,科罗廖夫让他们脱掉靴子(为了保持太空舱的清洁),从梯子爬进大球的舱门。加加林这时没有丝毫迟疑,第一个上前一步说:"我能上去吗,谢尔盖·帕夫洛维奇先生?"接着他扔掉靴子,登上了梯子。

另一个宇航员,瓦莱里·毕科夫斯基却记得加加林并没有被要求脱掉靴子。毕竟,飞行员在进入一架新式米格战机驾驶室的时候也不用脱鞋,为什么这就需要呢?"在俄国农村里才会这样,人们进屋会脱掉鞋,以示尊重。"毕科夫斯基当时想道,并且在这一刻就清楚地知道,加加林将是那个选中的人。[7]

加加林无暇旁顾,迅速把鞋除下,留在身后地上。他完全被眼前的太空舱吸引住了。它包裹着浅黄褐色海绵橡胶,这层覆盖物隐藏着它真实的内部情况:数不清的管线和配电系统。几星期以前,没有一个宇航员能够获知这团神秘包裹物的任何情况,如今,加加林快速一瞥,整个内部情况一目了然。他发现舱内比米格机舱要简单一些,没有那么多仪表和设备。他斜靠的弹射座椅占据了舱内的绝大部分空间,这带来一种熟悉的安全感,除了自己是斜躺在座椅上,而不是直腰挺坐,一切都和飞机驾驶室差不多。面前上方是一个控制面板,有几个开关、几个状态指示灯、航行表和一个代表地球的小球。外行乍看上去这就像是儿童的教具,但今后的几个月,加加林和同事就要学习隐藏陀螺仪和加速计是如何根据宇航员与地球的相对位置,给小球提供数据,以让其精确地以"东方号"舱体的轨道旋转的。还有仪器是计算轨道圈数的,以及测量舱内温度、压力、二氧化碳含量、供氧和辐射强度的等等。宇航员发现,这些测数并不给他们提供方便,而他们需要在空闲时将这些仪表读数通过无线电发回地面,地面人员由此判断数值的含义,确定下一步的操作。

加加林左侧还有一个小控制板,上面有四排拨动开关。列昂诺夫说他试着拨动了一下这些开关,发现这些本应是左手的操作,他只能用右手才能够到。很显然,飞机驾驶舱的转椅设计还没有运用在这里,尽管他的右手舒舒服服地正好能放在操纵杆上——所有"东方号"的驾驶员都会发现这个设计和战斗机的操纵杆最为接近。右侧顶上是无线电听筒。还有一个伸手可及的东西是食物箱，用哪只手去够这东西看来是无关紧要。

加加林脚的正前方是一个圆形的标有校准刻度的舷窗。这个"景框（Vzor）"是一个用反射镜和透镜制成的光学定向仪。通过"景框"，极度弯曲的地平线将出现在眼前。当"东方号"与地球呈某一特定角度时，"景框"的圆形外边框会亮起来，这意味着太空舱已经处在了返航的准确位置。这简直就是一个聪明绝顶但设备有限的工程师运用游乐园的哈哈镜改装出的宇航设备。

这艘测试用的"东方号"和加加林最终搭乘的那艘布局上有所不同。到时还有更多的仪器：比如，一台直冲着脸的摄像头和一台直射眼睛的台灯，这样他的每个表情都能被记录下来以供医生分析。以及，在左手开关面板上又增加了一个数字键盘——两排，从 1 到 6——它是何功能，加加林和随他之后进舱的宇航员初时都没能明白。

几分钟后，加加林被叫了出来，其余宇航员依次进入，科罗廖夫和伊万诺夫斯基也探身进舱讲解操作。

当他们离开施工大厅之际，大家都热情地讨论谁会是第一个驾驶"东方号"的人。列昂诺夫勾着加加林的肩膀说："相信我，今天是你的大日子。你一定是第一个上去的。"一些同行的人都点头赞同。当时加加林给在场很多人留下了印象。

与此同时，瓦娅逐渐明白，作为一个宇航员妻子的苦处。1978 年她告诉记者雅罗斯拉夫·格洛瓦诺夫："尤里每天回家很晚,也常常出差。对工作他绝口不提,如果我表现出兴趣,他会开几个玩笑搪塞过去。我知道,他的工作是不允许在外面讲的,对家人也不行,但我还是会觉得,他太空城的工作让他离我越来越远。我尽量表现得若无其事,但奇怪的焦虑仍然常常盘绕在心里。"[8]

1960年某天,加加林带了他的宇航员朋友回家,这时,瓦娅从单位——太空城诊所回来,听到了他们的耳语:"就快见分晓了,不是尤里,就是盖尔曼。"

第四章　准备工作

科罗廖夫和同事带回德国人的 V-2 火箭之后,决定试射。于是在伏尔加格勒(当时称斯大林格勒)以东 180 公里、一个名叫卡普斯京亚尔的小镇附近建造了一座试验场。时光推移到 1957 年 1 月,这时的试验在远为庞大和固定的普列谢茨克基地进行,这里地处北极圈以内,为的是弹道跨北极,能实现对北美大陆攻击的最短射程。普列谢茨克由此成为当时苏联洲际核导弹试验的主要基地——约翰·肯尼迪在 1960 年的选举中频频抛出"导弹鸿沟(Missile Gap)"这个词,取得了不俗的效果,这道鸿沟到底位处何方在当时还是个谜。肯尼迪着意渲染苏联拥有大量瞄准美国的导弹,急于建立一支弭平苏美导弹差距的反击力量。但事实上,当时的普列谢茨克火箭场恐怕连同时发射 4 枚 R-7 火箭的能力都没有。"导弹鸿沟"如果有的话,不过是美国人的一厢情愿。

苏联最为著名的发射场的修建则是尽可能地靠近赤道方向,以便借地球东西向的自转之力发射一些重型火箭。1955 年 3 月 31 日,科学家弗拉基米尔·巴尔敏和他的助手翻起了第一抔泥土,在名列地球最荒凉的土地之一的地方:广袤平旷的哈萨克斯坦共和国中南部沙漠草原。新建筑群修筑环绕在一座叫拖雷塔姆①的旧城,此名是哈萨克游牧民所起,据说此处是成吉思汗最宠爱的儿子拖雷的陵墓。"拖雷塔姆"还有"埋箭之地(Arrow Burial Place)"之意,当然对火箭发射场来说不是个好名字。苏联人舍弃旧名,称此地为"拜科努尔"。实际上,拜科努尔城位于此处东北向 370 公里以外。此举在于迷惑西方间谍,让其摸不清真实位置,但是自 1957 年 8 月 3 日第一枚 R-7 ICBM 火箭成功升空后,美国设在土耳其的雷达站就跟踪到了火箭场的准确位置。在靠近发射场的地方,苏联新建了一座叫列宁斯克的小城,容纳了 10 万俄国技术人员和 3 万保护他们的士兵。

每年 10 月到次年 3 月,深达数米的积雪覆盖草原,暴雪时常袭来。只有 4 月差堪忍受,化雪之后的草原花草丰盛,但也只有两三个星期。花草凋谢后,融化的雪水大部分蒸发,留下浅浅的水凼,以供蚊虫滋生。之后就是漫漫夏日,土地坚如砖石,残酷的高温和沙暴对人和机械都是长期的威胁。

外人乍看之下,这群 1955 年在拜科努尔的工程师就像是一群囚犯。他们栖居帐篷,寒暑煎熬,设备短缺,以致在工作初期他们需要挥镐抢铲。他们的首要工作是在莫斯科—塔什干一线的铁路(这条铁路沿的是古时游牧民的篷车路线)上建成一个三角岔道。当美国航空航天局数不清的货机、驳船、直升机和十六

---

① 拖雷塔姆(Tyuratam),又译秋拉塔姆。

轮的大卡车行驶在通衢大道,给它们佛罗里达的航天基地补充给养的时候,苏联人上太空靠的是火车。直到那段深入沙漠草原的铁路岔道竣工,需要的建筑机械才得以运达拜科努尔。[1]

两年内,拜科努尔建起了一座机场、供组装火箭和测试的机库、控制厂房,以及为第一座发射塔所建的发射台和导焰井。250米长的发射台被公寓楼大小的几根水泥柱支撑,探身于一个加固的斜面之上,就像是傍山而建的一个巨大露台。火箭箭身被夹住悬于半空,尾部的推进器穿过发射台上的方形孔洞,点火的一刹那,推进器喷出的火焰直喷向斜面,被安全地导离发射台。

新的发射台雨后春笋般先后耸立。10年内,拜科努尔的各种地面设施蔓生于几百平方公里的这片草原。到1973年为止,美国人除了看过一些高空航拍的模糊的点、线、面以外,根本没见过拜科努尔的真面目。这些照片是从土耳其起飞的侦察机冒着极高风险拍摄的。1960年5月1日发生了美国侦察史上最丢脸的事件,一架企图飞越拜科努尔并拍摄火箭发射台的 U-2 侦察机在乌拉尔山被击落,飞行员加里·鲍尔斯①被抓捕并在莫斯科受审,这使赫鲁晓夫极为得意。时任美国总统的德怀特·艾森豪威尔正值任期的最后几个月,只无力地抗议对"从土耳其基地起飞的气象飞机"的无端攻击,并且称这架飞机仅仅是"意外

---

① 加里·鲍尔斯(Gary Powers),1960年5月驾驶 U-2 侦察机执行对苏联的侦察任务时被击落,造成冷战时著名的美苏 U-2 事件。

地迷失了方向"而已。[2]艾森豪威尔之后立即停止了 U-2 对苏联领空的侵入。

出于对羞辱的警醒,由中央情报局和国防部主管的、耗资最巨大、最隐秘而又最尖端的太空项目诞生:美国间谍卫星计划。没人对此计划知道得太多,尽管它的预算经费堪比航空航天局透明的太空探索计划,甚至更多。[3]

第一座 R-7 火箭发射台至今还在拜科努尔运转着,这已不是秘密。画在钢制发射架上的星星代表了发射次数:一颗星代表 50 次发射。现下每一个发射架上都有 6 颗星星。这里就是全世界第一个载人太空任务的起点。今天,它们将"联盟号"载人飞船运抵俄罗斯和平号空间站。

拜科努尔现在的发射记录良好,早期却一度被失败所折磨。在"东方号"首次载人发射之前的半年尤其令人沮丧。1960 年 10 月,科罗廖夫的"火星探索者一号"在奋力冲上 120 公里的天空之后,像一枚燃尽的爆竹那样尴尬地跌回地面。R-7 火箭的底部助推按计划完成,但最上端的"探索者一号"却因为设计仓促,没能成功地摆脱地球引力。4 天之后,另一架"探索者"以同样的方式落下。当时的赫鲁晓夫正在纽约参加联合国会议。他本想在会上大书特书他的火星计划,但莫斯科发来的紧急密电让他心烦意乱地住了嘴。

10 月中旬,一种新型火箭——R-16 被安放在了拜科努尔的发射架上。这是米哈伊·杨格尔设计用来代替科罗廖夫 R-7 的洲际导弹——当然,最后证明这玩意儿对于太空探索还是太幼稚了一些，并且如果用作导弹，那结果只会更糟。如果苏联人确实需要部署可靠的洲际导弹，那么他们需要的是一种能够在短时间内点火发射的火箭。R-7运行无碍，但它需要至少5个小时来补充燃料和准备。原因在于它使用液氧，一种在推进器内高效燃烧的化学物质，但却不能提前太早就加入到火箭里。它只需几个小时就会因为温度太高而蒸发为气体，当储气室里压力增大到逼近极限，积聚的气体就需要被排出，再注入新的超低温的液体。所以，R-7在发射架上时间越长，这头贪婪的庞然大物就一直需要补给燃料。

　　R-16火箭的设计是为了解决准备时间太长的问题，以此满足军方对导弹快速反应的要求。它能在发射之前好几天甚至好几周就加满燃料作好准备。因为杨格尔舍弃了液氧和煤油，而选用了硝酸和联氨。这些化学物质能在常温常压下，在火箭内部储存很长时间，不需要排出。这样，R-16完全可以在秘密的发射井里静待打击美国的命令。但唯一的问题是，这些"适于储存"的燃料不能储存。它们都有极强的腐蚀性，不该出现的问题出现了，它们泄漏了。

　　赫鲁晓夫被"火星探索者"10月的失败打击，力图在联合国大会议上重振雄风，他把目光聚焦在苏联的军事优势上。"我们像生产香肠一样生产火箭！"他呼喊着。在返回莫斯科的路上，他向他主管导弹部署的负责人米特罗凡·涅杰林元帅[1]施压，要

---

① 米特罗凡·涅杰林，苏联第一任战略火箭军总司令。

他马上部署一次切实的武力展示。赫鲁晓夫这次可不想看到燃尽的爆竹。涅杰林马上飞往拜科努尔,坐镇杨格尔 R-16 在 10 月 23 日的首次发射。

零时临近,火箭底部却开始滴漏硝酸。当充满燃料的火箭出现泄漏,发射场的指挥官应当如何做呢?他应该下令小心地抽干所有燃料,再往燃料室注入不可燃的氮气以排空任何残留的蒸气。接下来第二天,他应该派出一队勇敢的技术人员,身穿厚重的消防服去确保火箭的安全,这样才能平息和控制住事态。但是,涅杰林立即派出的地面人员的任务,却是去查看是不是哪个阀门没有拧紧导致的泄漏,以便能及时发射 R-16。他的命令是如此疯狂,让所有工作人员都不知所措。并且在点火控制室,此时正确的做法是重置所有电子程控器,暂时解除它们的功能——在它们向火箭发出任何点火信号之前。涅杰林下令修改和延迟点火程控器的操作,并未取消操作。这时,不知什么原因,一个错误的命令被发送至 R-16 的上面级①火箭,它的推进器立时点火,马上就在第一级的顶部烧出一个大洞。第一级紧接着开始爆炸,瞬间就烧死了发射架上所有的人。上面级没了支撑,喷吐着燃料和火舌直落到地面。新铺沥青的构台和路面在高温下顿时融化起火。地面人员疯狂地逃命,但被着火的沥青地面黏住。大火蔓延了几千米,吞噬了途经的一切。超过 190

---

① 多级火箭各级从下至上依次称为第一级、第二级、第三级。第一级是主推进器,其上部分称为上面级。

人丧生,当炽热的化学物排山倒海向坐在发射架不远处的涅杰林扑来时,他也难逃一死。[4]

事故发生后的 30 年来,西方人对其中的细节都鲜有听闻,只从各种情报中得知出了事故。美国的"发现者号"间谍卫星在事故发生的前一天拍摄到了拜科努尔安置新型导弹的照片。10月 24 日,当"发现者"以它的固定轨道再次飞临此处上空,记录下来的是没有发射架、没有火箭,只有留下一团黑色污渍的劫后场景。火箭爆炸了,但这又有什么呢? 美国的火箭也时不时出现一些爆炸事故,走霉运的一天偶尔是会碰上一回。这场灾难的规模没有马上明确,因为所有的新闻报道都被压住。苏联人最终都只是悲伤地听说,涅杰林元帅和其他几位高级火箭军官在一次"飞行事故"中罹难。当然,对于数以万计在拜科努尔以外工作的航天人员来说,一大批熟悉面孔的骤然消失确实意味着什么,但这样不合时宜的话题也仅仅只能在私下里谈论。杨格尔的研究小组也失去了几十个年轻的军事技工,他们大都只有 20 岁上下,除了对他们的家人,他们的消失并不明显。

加加林和其他宇航员都听说了一枚试验导弹爆炸——不是科罗廖夫"小七"里的任何一枚,一些技术员受伤。他们无疑知道得更多,但当时他们比被蒙在鼓里的大众也好不到哪儿去,他们被排除在一切恐慌之外,在太空城接受封闭式的训练。事实上,爆炸事件没有让"东方号"的准备工作推后太多。拜科努尔幸存下来的地面人员也都重回工作岗位。用作载人任务的发射台、输气管和控制房均未受损失,科罗廖夫的核心技术员也都很少牵连进 R-16 的发射。

就在距第一次载人飞行不到 3 个星期之际,一个受训的宇航员遭遇了不幸。

24 岁的瓦连金·邦达连科稚嫩的脸让他看起来就像是集体里的小朋友。这次轮到他进入"密室",他需要在里面待上相当长的时间(15 天)。他出色地完成了隔离中的任务。直到 3 月 23 日,他开始准备离开"密室"。他们进行的是高海拔测试,"密室"里的气压恢复到正常值需要一些时间——当值技术员要用半个小时来平衡内外压强,以免邦达连科受伤。邦达连科在里面伸着懒腰,脱掉扎人的羊毛外套,除去贴在身上的传感器,让自己轻松一下。接着,他用蘸了酒精的卫生棉球擦拭自己长时间未清洁的皮肤,然后随手将用过的棉球扔在一旁。他太不小心了,一团棉球被扔到了做饭的电炉上,顿时起了火。在这样氧气充沛的密闭环境,火势以极快的速度蔓延。

邦达连科被拖了出来,严重烧伤。"这是我的错,对不起!"他哭道。医生奋战了 8 个小时想保住他的性命,但伤势实在太严重了。他遇难的细节直到 1986 年才对外公开。[5]

太空中有一件事是太空城的宇航员无法预先练习的:失重。科罗廖夫和他的专家团都不建议第一次就做多于一圈的绕地载人航天旅行,因为谁也说不准超过一天感受不到重力,他们的星空访客会有什么事发生。

失重是早期苏联太空计划需要克服的一项巨大的物理难

题。地球上唯一能尝到这种滋味的地方是莫斯科国立大学 28 层高的电梯,这是莫斯科市最高的建筑之一。那里安置了一间特质的笼子,可由电梯井自由落下,底层放有压缩空气缓冲器以阻滞下落势头。最佳情况是,宇航员可以在笼内飘浮两到三秒。科罗廖夫的顾问尤里·马兹霍林说:"这是我们第一次一头扎进未知的领域,我们谨小慎微。这就是为什么科罗廖夫希望循序渐进。第一次载人任务,一圈就够,第二次 24 小时,然后是 3 天,我们慢慢观察宇航员的情况。"

美国航空航天局的宇航员利用波音 707 飞机做抛物线飞行来感受失重。他们用清空了物品和座椅的货机,这样机舱就有了足够的空间。宇航员每一次都可以飘浮在机舱内壁长达两分钟,足以消除对失重的神秘感。俄国人至少在 20 世纪 60 年代还没有想到用他们的货机来干这事。后来苏联受训宇航员也用米格-15 做近似抛物线的飞行,他们在后座能感受到不完全失重的感觉,大概半分钟左右,不比国立大学的电梯强多少。季托夫回忆用米格做失重训练时的感觉,不舒服,也不满意,时间很短,还不如他接受常规战斗训练的强度。"当你想要做某个预想动作而没做好的时候,就有类似感觉出现,接着机舱地上的灰尘就会飞到你脸上。我们要的失重不是这样短短几秒的。太空里长时间的失重环境与此完全不同。"此外,米格机舱是如此狭小,根本不可能给受训者以足够空间完成飘浮。

苏联人对失重的担心至少到目前为止并未消除。他们给"东方号"绕地飞行的第一圈就设计了制动火箭装置,从而将失重时间缩减到最短。但是,如果制动失败,就有一个极小的可能性:飞行器有可能在轨道上滞行好几圈。安迪·艾德林清晰地总结了人类首个太空人将面临的危险:"做轨道飞行的过程是这样,升空然后绕地飞行,接着带你升空的火箭再次工作,这次是减速,然后你就可以回家了。但如果火箭出现故障,你将一个人绕着地球永远地转下去,慢慢地死去……科罗廖夫的专家建议第一次载人索性选择一条安全的低轨道,但他明确表示,他不想仅仅险胜美国,他想痛宰他们。"

"东方号"的空气补给(17 个球形储气箱,氮气和氧气交替放置,如项链般环绕在大球和设备舱的交接处)最长可供维持 10 天。飞船轨道有意设计为掠过地球大气的最外层,这样一旦有突发状况,自然大气的摩擦力能在几天内帮助飞船减速。这就是一场赌博,赌的是宇航员耗尽空气、水和食物之前速度能够降下来。

在莫斯科苏联科学院院士凯尔迪什和他的程序员的帮助下,马兹霍林计算出"东方号"在它绕地第一圈后返回是最安全的,只要制动火箭不出问题。但即便制动火箭状态良好,"东方号"方向调试准确,制动的操作还要及时跟上才行。理论上来说,制动系统随时可以启动,但是并不能保证启动后太空舱会落入苏联的领土范围。

"东方号"的轨道向赤道偏斜了 65°,每一圈轨道飞行都是 90 分钟。同时地球在飞船的下方以 24 小时每圈的速度稳定地旋转。结果就是飞船每一圈的同一时间并不在地球同一地点的上方。数字已经明确地算出,最佳的返回时机是在绕地飞行第 1 圈结束,或者一整天之后,也就是第 16 圈半的时候。在此外的任何时间启动制动火箭都有让太空舱坠海和落入他国境内的危险,这两种可能都会造成极大的尴尬。机密技术泄露,或者是让腐朽的资本主义国家抢了营救宇航员的功劳。

最后,这些潜在的政治宣传问题都被封在了三个信封里,寄给了莫斯科的塔斯新闻社。信中的文档都由马兹霍林起草,他也不仅仅是个起草者,更是个政治宣教官。他脑中对大球何时在何处降落,以及一旦坠落外国,他将采取何种方式应对等等细节,都有着清晰的计划。如果上述尴尬发生,塔斯社会依命打开其中一个信封,发布其中的内容。马兹霍林当然考虑了最坏的情况:太空舱在太空爆炸或者开裂,那么媒体会尽量剪裁内容以突出悲剧中的积极因素。未雨绸缪是明智的做法。"我们给塔斯社准备了三个信封,"马兹霍林说,"一号信封装的是大获全胜的稿件,二号是给迫降在外国的情况准备的,三号则是悲剧发生。电视台、电台的工作人员都在静静等待。当我们看到宇航员成功地进入轨道,我们接收到了数据、高度、姿态和轨道周期,克里姆林宫就会命令塔斯社打开一号信封。"

就算是"大获全胜"的稿件也不好编。"当太空舱的降落伞打开,高度下降到 7000 米时,宇航员应该弹射出去,启用自己的降落伞。我们不确定是不是要加入这样的话。"

原因很简单。如果飞行成功,苏联有意宣布根据国际准则,它们打破了世界飞行高度的纪录。科罗廖夫把准则读得很仔细,警觉地发现规则规定,任何宣称打破纪录的飞行员必须自始至终地处于飞行器之内,直到落地。如果飞行员跳伞,规则有理由认为飞行出了某种问题。这种情况下的纪录是不算数的。这样一来的唯一选择就是,"东方号"的乘客不能跳伞。但科罗廖夫实在不能肯定这世上是否有人能经受得住太空舱触地的恐怖撞击而不受伤。盖伊·塞维林,苏联最为著名的战斗机飞行员装备设计师,已经为太空舱设计了一款紧急弹射座椅,以备 R-7 发射时出现事故宇航员避险之用。如果同样的系统能够用于降落,那么大球撞地的轻重就无足轻重了。未来的太空舱会加装更大的降落伞,底部也会安装一组用于减速、缓冲的火箭。在其后几年,拥有更强动力的 R-7 火箭的顶层助推将把更大、更好配置的太空舱送入太空。但是眼下,动力质量比的计算让"东方号"没有奢华的资本。软着陆的火箭不在选项之列,宇航员只能跳伞,别无他法。

尼古拉·卡马宁让一个叫伊万·鲍里申科的体育官员更详细地研究高空飞行纪录的规则。但到 1961 年 2 月,问题依然如初。这时,一个战术上的谎言比重新设计"东方号"更显紧迫。马兹霍林给塔斯社的第一封信,宣告"大获全胜"的那封,不实地暗指宇航员是和飞船一同降落的。"很长一段时间,这个神话被所有的官方文件所支持,"马兹霍林说,"只有在公开化政策出台之后的年代里,这些真相才被大众所知,为世界所晓。"可以猜想,另外的信封里将会讲述一个完全不同的故事,而且,如果"东方号"坠落在他国,弹射座椅的秘密也会赤裸裸地暴露在外国人面前。马兹霍林如今已经不能准确地记起当初自己信中的话了,并且很后悔失去了这几封信。"太可惜了,我们销毁了它们。在今天它们是有历史价值的。"

在给塔斯社的稿件中,哪怕是最简单的细节也经过了深思熟虑。对于领先于世界的第一次载人航天飞行,称这艘太空舱为"东方一号"是再自然不过的了,包含着一种来者可追的意味。但太空舱的主要设计师奥列格·伊万诺夫斯基回忆道:"如果我们给了它一个数字,那就表明这是一系列行动的开始。我们不想别人知道我们在准备其他的发射,所以,'东方号'还是'东方号'。"

除去上文提到的三封文件,还有第四封文件。这封文件大不相同,是为"东方号"的搭乘者准备的。宇航员自己还不知道,就在第一次载人飞行之前的最后几周,相关方还在为了飞行中宇航员的操作权限吵得不可开交,所有争吵围绕的都因"东方号"内部左边控制面板的六键数字键盘而来。

目前为止,所有太空舱的操作都是地面控制台经由无线电信号传送给舱内的电子系统实现的,这已经给地面控制室的能力提出了不小的挑战。那么一旦太空舱里坐进了宇航员,又会出现什么新问题呢?医生们担心,宇航员孤身一人,精神和心理远离同伴,极有可能失去理智;安全人员则担心宇航员驾驶着太空舱投敌叛国。1960 年秋天,讨论的重点经历了怪异的转变。讨论的内容从给予宇航员对自己座驾体面的控制权,变成了剥夺它们。"东方号"应该和所有无人太空船一样,是全自动的。在紧急情况下,可以允许驾驶员操作一小会儿,但前提是他能证明自己是理智的。

工程师设计了六键的数字键盘,用于在需要的情况下解锁程序,启动人工操控系统。只有地面的任务指挥员确定宇航员的精神符合要求的时候,他才被告知这 6 个数字。但科罗廖夫略微一想,觉得这个问题根本有悖于一般逻辑。什么情况下宇航员才有必要人工操控?自然是遥控系统出故障的时候。既然飞船的遥控程序出了故障,那么地面就不太可能在这时通过无线电告知宇航员用于解锁的密码。这个键盘的设想实在是自相矛盾。

接着,医生们想出了一个保全面子的方法:在无线电失灵的时候,宇航员可以自己找出密码来。"东方号"的设计师之一奥列格·伊万诺夫斯基解释道:"他们决定让宇航员在紧急情况下取出他们放在太空舱里的信封,撕开它,拿出里面打好的数字,然后解开密码,他们认为这一连串的动作已经可以证明宇航员尚未失去理智,还能对自己的行为负责。这真是出黑色喜剧,更不用说我们这几天绞尽脑汁想出的愚蠢的加密法了。"这整个过程就是自相矛盾。很显然,信封一定是要放在舱内容易取得的地方,以防紧急情况真的发生。那么,一个精神失控的宇航员也就可以随时不经许可地打开它来控制飞船。苏联首席试飞员马克·加莱曾经被招募进太空计划,作为教官训练宇航员。他在最近一次与历史学家詹姆斯·哈福德的采访中说:

所有的试飞员都认为这些想法蠢得很。许多飞行员都有在夜间或是在乌云中飞行的经历……我们强烈反对键盘的设计。我们认为飞行员发疯的可能性比无线电通讯失灵的可能性小得多……科罗廖夫也不喜欢那个键盘，但他为了耳根清净倒是准备接受了……假如一个宇航员失手砸了按钮一拳，谁来处罚他？[6]

可笑的是，美国宇航员也以一种镜像的方式为此事纠缠不清。谨慎的航空航天局火箭工程师一开始希望全盘自动化控制，但宇航员坚持要较大程度的操控自由。他们利用自己在《生活》杂志的高知名度和在电视上的高曝光率来为自己游说，要求对自己的飞行全盘掌控，至少也要和地面控制台共同操纵。坚持个人主义的宇航员花了大把时间来影响各种工厂，让它们做出有利于他们的设计来。

对于不载人的"东方号"的测试飞行，就没有了数字密码和塔斯社信封的待遇了，也不用担心救援。如果这些测试用的太空舱落到了别国，遥控装置会引爆它自带的 10 公斤炸药。如果遥控引爆失败，也不必担心，太空舱内置定时器，在落地后的 64 小时照常爆炸。这保证了美国火箭专家看不到不欢迎他们看的东西。

事实上，早期的"东方号"在自爆上根本不需要帮忙。1960

年 3 月 15 日发射的第一艘"东方号"就在太空中失控丢失。另一艘"东方号"在改进后,于 7 月 28 日,载着柴卡和丽希奇卡两只小狗上天。这次是 R-7 让设计者失望了,发射不久火箭就发生爆炸,小狗自然未能幸免。"东方号"的宇航员们那天正在拜科努尔熟悉环境,就亲眼目睹了这一幕。盖尔曼·季托夫面容严肃地回忆道:"我门看见了火箭是怎么上天的。更重要的是,我们看见了火箭是怎么爆炸的。"

8 月 19 日,另外两只小狗——斯特莱加和贝尔加进入了太空。这次让科罗廖夫稍稍宽心,R-7 成功助推,任务顺利完成。绕地 17 圈之后,两只小狗都安全返航。全球媒体多有赞誉,赫鲁晓夫也颜上有光。但私下里,科罗廖夫和医生们都为飞行中的一个小问题担忧。贝尔加因为失重而眩晕,在舱中呕吐了。这是否意味着人类宇航员也会在太空中犯病?太空舱里的摄像头记录下了小狗行为的全过程,显然这趟旅行给它们带来的不是享受。还好它们在返航后一切无恙。

1960 年 9 月 19 日,科罗廖夫正式提交了他载人飞行的申请,苏共中央委员会批准了请求。10 位高层人物签署了这份文件:科罗廖夫,还有他忠实的盟友、数学家和计算机专家穆季斯拉夫·凯尔迪什,火箭军总司令、急功近利以致大限将近的涅杰林元帅,国防部长乌斯蒂诺夫元帅,小心严谨的瓦连金·格鲁什科……如果新的冒险取胜,全盘皆胜;但如果有丝毫闪失,这 10 人就只能互相推诿了。[7]

1960 年年底,科罗廖夫决定了发射宇航员上天,但"东方号"

仍然不肯合作。11月1日，因为太空舱返回角度太急，另一对倒霉的小狗被烧成了薯片。12月22日（发射频率已近疯狂），又一对小狗在逃生舱被紧急弹射出去，险得一命，因为R-7的推进器在将进轨道之时半路熄火。上级火箭的推进器没有点燃，"东方号"落回了地球。

医疗专家仅在一念之间就把无数小狗送去了痛苦的试验场，但火箭工程师对与狗类似的宇航员却是不无感情的。尤里·马兹霍林还想起一次戏剧性的抢时营救，那一次，宇航小组同仁对小动物的关切已经超过了对太空舱上10公斤炸药的恐惧。"1960年，大概是在3月份，我们发射了一艘载有小狗的一小时飞行舱。我们突然得知飞行失败了，接收不到任何数据。我们立即计算出太空舱的返回地点，大概是在通古斯，西伯利亚地区，巧的是，1908年那里也落下过陨石。所有人都忧心忡忡，要是小狗被炸死那该多可怜啊。突然之间我们收到了降落伞上的无线天线发来的信号，这说明飞船尚自安全！"

这真是个好消息，除了接下来的一些小情况。当他们意识到飞行失败时，控制人员已经发出了自毁的命令。但什么事都没发生。飞船开始无人返航的时候显然还是完好无缺，但也无法确定小狗是否逃进了弹射舱里。可能它还被困在太空舱中？后备的定时炸弹开始计时了吗？如果是这样，小狗将先经受一次可怕的撞击，接着64小时后再被炸成碎片。

"我们10个人马上登上了一架伊留申—14，从拜科努尔起飞。那时候起了大雾，我们还是起了飞。"一同协助我们的还有克格勃的军官,他们赶往伏尔加河畔的城市萨马拉(当时叫古比雪夫),疯狂地寻找几个休班中的定时炸弹专家。他们都有着共同的爱好:喝酒和女人。"所以在一处聚会上找到了他们,把他们送上一架飞往西伯利亚的飞机,我们则默默地计算着剩余的时间。炸弹会不会在 64 小时之前就爆炸?谁知道计时器会不会出问题呢?这是一场争分夺秒的大冒险。"

太空舱落在了北极圈附近。时值三月,那个地方的白天时间只有短短几个小时。幸亏在夜幕降临之前他们发现了天空中的降落伞。炸弹被拆除,小狗得救了。

这段戏剧性的经历多少与俄国人无法保持与太空船的无线电联系有关。美国在此方面却是高手,他们遍及全球的听音哨能保持和"水星号"飞船①的联系。他们在外交上与澳大利亚、尼日利亚、印度、加那利群岛和墨西哥疏通,在它们的领土上设立了大型的射电天线。通讯工程师建立了基站网络以及海底电缆,与卡纳维拉尔角的航空管理人员相联系(著名的休斯敦宇航中心当时还未建成)。总之,"水星号跟踪网络"是外交和技术两方面的成功,足以和飞船本身相媲美。[8]它们构成了今天国际通信网络的基础。航空航天局的飞船从未失去过联系,除非它们正好在月球或其他星球的背面。

俄国人就没这么庞大的部署了,他们的外国盟友都不占据优越的地理位置。某次,太空船只是消失在本国境内,也失去了

---

① "水星号"飞船,美国第一个载人飞船系列。

联系。解决办法是出动了 4 艘万吨货轮,每一艘都竖立起特制的天线杆,然后满世界地搜寻。它们把太空船发出的信号传回俄国,再传递给拜科努尔的科罗廖夫供他知晓。货轮的射电脉冲太容易被西方拦截了,所以在传输中都加了密。马兹霍林说:"我们的船只被从天上监视着。飞机飞得很低,拍了很多照。(外国侦察者)没有登船,但他们多少能从位置和出海时间猜出船只的目的。如果他们敢登船,船员就会立即用一种特制的炉子烧掉所有密码本。只要宇航任务一完成,货船就继续带着货物——谷子、种子和其他东西——做生意去了。"

1961 年 3 月 25 日,在尤里·加加林之前一个月,伊万·伊万诺维奇①就飞向了太空,穿着同样的航天服,装备了同样型号的弹射座椅和降落伞包。他乘着"东方号"飞得十分出色,还有余暇给地面发回无线电信息,尽管,信息里他对太空的描述非常怪异。实际上,他只是转述了一种汤的烹调方法:如何用甜菜根和酸奶油做蔬菜汤和红菜汤。当年这道汤的具体步骤早已失传,看得出来,这只是蓄意地搅乱西方对无线电的监听。

伊万的着陆给地上的目击者带来了很大的困扰和紧张。当地居民眼见他乘着降落伞缓缓落下,但总觉得哪里不对劲。伊万双腿触地的一刹那他就跌倒不起,显然已经丧失了意识。居

---

① 伊万·伊万诺维奇(Ivan Ivanovich),苏联为测试"东方号"载人航天器而制作的假人,眉眼俱足,大类真人。

民们当然要跑上前去帮忙,但一队士兵突然迅速在这位宇航员倒伏的四周拉起了警戒,但并没有上前相助的意思,只围站一圈,好像任其死去一样。居民大为惊骇。[9]

近年来,好事者给这件事贴上了俄国版"罗斯威尔事件"①的标签。一个不被承认的宇航员登上了太空(在尤里·加加林之前),但在回程路上却遭谋害⋯⋯英国一家叫《工人日报》的亲共报纸在加加林升空前的两天,有违历史地刊载了这样的故事。故事是该报驻苏联记者丹尼斯·奥格登编写(或编造)的。当时一名知名的试飞员在车祸中受伤,奥格登就指认说他就是那个从一艘叫"罗西雅(Rossiya)"的飞船上悲惨着陆的宇航员。一直到 1979 年,英国星际协会②的专家还把这个谣言当真:

> 对于谁是第一次进入太空的人,一直有所争议。法国播音员爱德瓦·鲍伯罗夫斯基于 1961 年 4 月前往莫斯科,他透露,据可靠消息,谢尔盖·伊留申——俄国著名飞机设计师的儿子,大无畏的飞行员——发挥个人影响力,在加加林之前三到四周率先独自进入太空。在他降落地球之后,搜救队发现他遭受严重震荡,从那以后,谢尔盖再也没有恢复意识。[10]

---

① "罗斯威尔事件",1947 年 7 月初美国新墨西哥州罗斯威尔据称有飞碟坠落并发现外星人遗骸,后传出解剖外星人的录像,媒体争相报道,此事件至今真假难辨。
② 英国星际协会(British Interplanetary Society),1933 年成立,世界最早的支持航天学研究和太空探索的组织。

事实上,谢尔盖就是那个著名设计师本人,他儿子叫弗拉基米尔;更别提那个鲍伯罗夫斯基了,这名字根本就不像是个法国人。这些流言根本就是无视事实:在伊万被装进"东方号"之前,他脸上和背上都写上了"MAKET(人体模型)"的浓黑大字,并且,那段太空里传回的菜谱,一听就是录音而不是真人。根据奥列格·伊万诺夫斯基的回忆,伊万在太空里到底应该说些什么还引发了激烈的争论:"我们想测试太空里讲话音质如何,所以我们决定放个录音试试。主管安全的官员说:'不行,如果西方监听者听到了真人的声音,他们会以为我们秘密地发射了宇航员上天搞一些间谍活动。'你得知道,当时加里·鲍尔斯事件发生才几个月(11个月)。接着我们说,那就录首歌好了,可安全官员又说:'你们疯了吗?西方人会以为我们的宇航员发疯了,不干正事,却在那里唱歌!'最后,我们决定录一首合唱,没人会以为我们发射了整支合唱团上太空。最后我们也确实这么做了,合唱和菜单一起播放。"

3月9日,一个不那么像真人的模型先伊万一步上了太空。它和伊万两个试验一经成功,科罗廖夫宣布,"东方号"已经作好了运载宇航员的准备。他除了冒一冒险别无选择。美国载人航天的"水星计划"也紧锣密鼓地运作着。美国人和苏联人一样,用远非成功的火箭发射经验,忙不迭地发射一名勇敢的太空志愿者,让他们乘坐在导弹弹头的位置飞向太空,只要这件事能够痛击对手。

马兹霍林和他的专家团偶然地获得了许多美国航空航天局

公开出版的资料,他们也会收到关于卡纳维拉尔角发射准备的秘密情报,让他们对困扰初期"水星计划"的工程拖延、非载人试验失败等等情况能够窥知一二。这多少解释了苏联为什么往往领先美国几周甚至几天取得太空任务的胜利。"我记得有一次,我拿到了一份 3 页的文件,记录了美国卫星几条不同的秘密轨道数据。我说:'这有什么用? 这不过就是牛顿的万有引力定律吗?'我想,我们的情报人员是从某种渠道得到这份材料的。美国人当然知道我们在干什么,他们保持沉默的原因是我们也保持了沉默。双方都对对方的事情装作不知。这像是小孩儿游戏一样,但它确实促进了双方的科技进步,从而带来了全球的太空工业的进步,这造福了整个人类。"

抛开这些复杂的国际政治计较,马兹霍林考虑的只是简单、便宜的措施,来保障宇航员的安全。"我们给宇航员的求生包里加进了手枪,以防降落在非洲丛林或类似的地方,他们能够避免遭受野生动物的袭击。这当然不是针对人的。他应该寻求遇到的人的帮助,而不是朝人开枪。"

第五章　发射之前

1960 年年底，6 个人从 20 人小组中选出，作为"东方号"的首飞候选人，选择标准基于宇航员的各项技能和一年来的训练成绩，以及一个最为硬性的条件——体重，多了少了都不行。"东方号"的弹射座椅仅适合于中等身材的人乘坐。小个子的加加林和季托夫就正合适，列昂诺夫虽然技艺精熟，但以"东方号"目前的大小是装不下他高大的身躯的。

1961 年 3 月 7 日，瓦莲金娜·加加林娜诞下了他们的第二个孩子盖娅。幸福时刻不容贪享，3 个星期后加加林赶赴拜科努尔，在那里他要和季托夫进行飞行前的最后排演。这个时候，首飞的候选人名单已经由 6 人减至他们两人，最终结果需要在 4 月 12 日发射的前一晚决定。虽然很少提及，但竞争的激烈程度可想而知。"我当然想中选。"季托夫在今天这么说，"我希望第一个进入太空。为什么不该是我呢？不提第一人的事，简单地说，我们谁不想看看太空里是什么样的呢？"

季托夫和加加林都清楚地意识到，只有表现出专业的严谨和团队的合作精神，才能让自己胜出。而第三候选人格里高利·格里高利耶维奇·涅柳波夫却见事不明,竭力地表现自己才是唯一合格的人选,3月末他就被剔出了名单。

两人到达拜科努尔的第一件事就是学穿太空服。太空服的想法经过多次讨论,直到1960年中期才确定下来。很多设计者都认为"东方号"的抗压舱已经给了宇航员足够的保护,科罗廖夫也觉得增加这多余的重量和独立的供氧系统有风险。但最终他动摇了,非常坦率地告诉俄国最著名的飞行服制造师盖伊·塞维林:"'东方号'荷载有富余,但我们需要你在9个月内把它造出来。"[1]

塞维林在他朝鲜战争初期研制的抗压飞行服的基础上进行改进。那时的苏联飞行员驾驶米格战机,空中格斗中的一个突然动作往往就能让他们失去意识,而美国飞行员却还能保持清醒。塞维林意识到抗高压的飞行服能抵御加速度的冲击。穿上他改进的飞行服可以削弱美国飞行员在急弯追击中的优势。同样的设计思想使宇航员能够抵抗R-7的加速度。整套服装严丝合缝,充分避免了加速时血液滞留在下躯干而头部缺血的情况。结实的蓝色和橙色的橡胶化合物构成了宇航服高强度的密封层。加加林的橙色罩衣西方人并不陌生,经常能在公开的照片上见到,但用这样鲜艳的颜色仅仅是为了在茫茫白雪中便于寻找。苏联的4月四处正是茫茫白雪。

塞维林手把手地交给他们如何穿戴和使用宇航服,训练长官尼古拉·卡马宁在一旁监督。这堂教学课全体技术人员也都到场,他们也要熟练这一套不能有丝毫差错的流程。两套多余的宇航服备存,保证完好无损。接着,全副武装的宇航员先后从舷梯爬进了"东方号"的复制品。卡马宁麻木地监督着已经重复了无数次的紧急弹射流程:舱内所有开关就位,太空服和头盔闭合,肌肉紧绷,就等最后时刻的到来。在真实情况下,加加林和季托夫需要毫不犹豫地完成以上所有动作。

4月3日,两个竞争对手各自穿上留存的宇航服,分别拍摄两人登入"东方号"的纪录片。他们分别在发射架下发表了动人的演说,但R-7火箭的身影没有出现在镜头中,因为它正横卧在装配库,它的设计细节至此仍然是最高机密。之后,技术员在另一处预备车间,而不是在发射架上上演着把宇航员封入大球的哑剧。在其后的几个月里,这些由弗拉基米尔·苏沃洛夫在极差条件下拍摄的、伪造的发射前记录将被拼接到真实的发射记录里。这是因为在那重大的一天,摄影师不被允许像这几天一样近距离地接触他们的工作。[2]

4月7日,季托夫和加加林随同卡马宁来到发射架下。他们细细地检查过发射架的设备,准备模拟点火后的逃离方法。在R-7火箭还未离开地面时如果发生问题,此时宇航员被密封在大球里,弹射装置会将他发射出去,但此时的发射离地面太近,不够降落伞完全打开的时间。所以工程师们计算了弹射距离,在1500米开外的地方装置了拦网。如果计算正确,那么宇航员就可以安全地落入网窝。他们用人体模型试过几次,这次是要来真的了。

卡马宁提醒他们,时刻记得可以手动操作。当他们静待升空的时候,如果指挥室的电脑判断火箭出了故障,那么宇航员的座椅会自动地弹射他们。如果这一步失灵,掩体控制室里的科罗廖夫还掌握着一个能激活座椅的遥控器。凭着科罗廖夫的精打细算,他也不会把所有鸡蛋都放在一个篮子里,两个备用遥控器交给两个处变不惊的助手各自保管。如果这些安全措施统统失败了呢?那么,这时的宇航员就应该像身处坠落米格战机中的飞行员那样,主动启动弹射座椅。

讲到这里,季托夫随意地一句回应却遭致不利的后果,这件事在卡马宁 4 月 7 日的日记里有所记录。季托夫说:"操心这个就是浪费时间。自动弹射肯定没有任何问题。"

卡马宁转而问加加林:"尤里,你认为呢?"

加加林沉吟半晌,从他的答案里可以很容易地看到他既不想令季托夫难堪,也不想质疑自动弹射装置的设计师,尽管季托夫希望听到的是另一个答案。"我同意,自动装置不会有什么问题。"加加林回答道,帮季托夫打了圆场,又表达了对飞船设计的信心,"不过如果我知道自己也能掌控弹射的话,那显然成功率会高很多。"卡马宁没有作答,只把这一来一回的对话记了下来:

> 我仔细观察了加加林,他做得非常棒。冷静、自信、博识是他的主要特点。我还没发现他举止里的任何纰漏。[3]

实际上,卡马宁似乎经历了一段艰难的抉择,仅仅就在前一天,他都还倾向于选择季托夫:

他操作和训练都非常的精确，不会浪费时间在闲谈上。但是加加林，他对备用降落伞的自动开启装置的重要性提出了疑问……我已经在早先的谈话中建议过他们，在飞机上做一点儿弹射训练，但加加林好像不以为然。

卡马宁好像是在批评这两个头号的宇航员共同的毛病：不重视降落伞逃生训练。他的最终决定难免不受政治因素的影响，对农家小伙的青睐显然大过教师子嗣。但他在日记里还暗示了一种更为微妙的选择理由：

季托夫个性强势。如果要说我的最终选择有什么考虑有利于他的话，那就是我想有必要保留一个更为强势的宇航员给 24 小时的飞行……我不知道他们俩谁该被送上太空去牺牲，这两个优秀的人又是谁该名动世界。

卡马宁显然认为加加林更适合于为人类第一次太空之旅定下的单轨道载人飞行。他雪藏了季托夫，将之保存到不久以后更远距离的飞行。恐怕季托夫很难将这个理由看作是对他能力的褒奖。

在涅杰林元帅犯下致命错误之前的日子，他在拜科努尔建起了一座木质小屋，不啻为单调压抑的营房增添了一些趣味。

这座四面通透的小屋更像是一座凉亭,蓝白相间的地板、拱门、栅栏和柱头相得益彰,清凉的溪流从旁流过。在酷寒的冬季这小屋派不上用场,闷热的夏季也难堪大用,最好是在 4 月,当草原上野花斑斑点点地开放,香甜的空气混杂着苦艾草的气味……这几个星期,小屋是聚餐的好场所。

今天,63 岁一头白发的盖尔曼·季托夫感慨着小屋的衰落。"现在风大了,以前这里都是榆树。后来被砍掉了,本来该移栽的,但没人关心这个,年轻的俄国人不关心这个。飞向太空对他们来说就是一项工作而已。要我说,在赫鲁晓夫时代好歹宇航科学大发展了,而在民主时代,什么都在衰落。历史的意义在哪里?蠢人们,他们不知道随着身体的死去对于他们的回忆也都散去了,什么都留不下,包括坟冢。"

历史对于季托夫很重要,1961 年 4 月 9 日——人类首次载人航天飞行的前三天,就是在这座小屋,大家畅饮伏特加、大啖鲜橙、苹果和长桌上铺陈的其他美味,以"庆祝"他的失败。官方摄影师弗拉基米尔·苏沃洛夫以彩色胶片记录下了这个场景。

前一天,苏沃洛夫的摄影机记录了更为正式的内容:在拜科努尔的另一处,由科罗廖夫、凯尔迪什、卡马宁牵头的国家特别委员会作出了谁是头号宇航员的选择。6 个主要候选人在他们面前列队。在这个历史的关节点,尤里·加加林骄傲地出列,接受了这一历史使命。实际上,这一切在头一天就已经排练好了。在委员会头一天没有宇航员出席的秘密会议之后,卡马宁把季托夫和加加林叫到办公室,像第二天公开宣布的那样告诉他们:

加加林被任命为首发，季托夫为他的后备人选。没有任何说明，只有冰冷的事实。加加林抑制住他一贯的笑容并保证完成任务。季托夫说："有人会告诉你，我当时给了他一个拥抱。这是胡说八道！没有的事。决定已经作出，我理解。"卡马宁在他的日记中记道："季托夫表现出明显的失望。"

在第二天面对镜头的表演中还有极其愚蠢的戏码：加加林小心地操练着自己"即兴"的获职演讲，讲到一半时，苏沃洛夫的胶片用完了。科罗廖夫用汤匙敲着杯子让大家都安静一下，似乎他有重要的话要讲，不料他说："摄影师要换胶片了，我们先休息一下。"大家都笑了，随之焦急地坐等苏沃洛夫更换胶片。那位首席宇航员开始一字一句地重复之前讲过的话。此时，苏沃洛夫开始注意并惊异于加加林的年轻。"他是个小个子的结实的人，看上去真的十分年轻！像个孩子一样，一脸迷人的笑容，眼里满是善意。"[4]

第二天早上，在消夏小木屋里举行了那场更为放松的庆祝，整个过程中季托夫强烈地压制着自己的情绪。"当然了，我很难过，但是一切照计划进行着。"如今，他只能幻想那天的情景是否本可能会不同，他是那么自信自己必将成为那个人。

对首席宇航员的挑选无疑少不了最高权力层的参与。赫鲁晓夫最为信任的顾问和秘书费奥多·博拉茨基清楚地知道为什么是加加林雀屏中选。"加加林和赫鲁晓夫在很多方面都有相似之处。他们都有一种相似的俄国人性格。季托夫就很有保留，从不开怀大笑，所以不是那么有魅力。不单单是赫鲁晓夫选中了加加林,而是命运。"

赫鲁晓夫和加加林都是农民的孩子,而季托夫出身中产阶级。如果加加林青云直上,那么赫鲁晓夫问鼎最高权力的贫贱出身就获得了有力的支持。这难道不是真相吗?为什么他们会选一个朴素的农家男孩而不是一个受过良好教育的严肃男人?在伏特加对回忆的猛烈侵蚀之下,季托夫尖利的骄傲被磨平,他承认:"我想成为第一个,为什么不?但是这么多年过去,我想说的是,他们作出了正确的决定。不是因为政府,而是因为尤拉最终成为了一个大家喜欢的人。而我,大家不可能喜欢。我一点也不讨人喜欢。他们喜欢尤拉。他去世以后我去了斯摩棱斯克,在拜访他的父母时认识到了这一点。我告诉你,他们选择尤拉是对的。"

加加林的理论课老师谢尔盖·贝罗茨科夫斯基推荐过另一位宇航员——弗拉基米尔·科马洛夫作为进入太空的第一人,"但当时他的一个远亲正受到政治压迫"。贝罗茨科夫斯基把加加林的中选说成是一个幸运的意外。"当得知尤拉的哥哥和姐姐都被德国人抓住过,我非常惊讶。照理说,如果谁在占领区生活过,那在当时就是履历上的污点,而这居然逃过了政府的审查,或者他们对此不以为意。如果你愿意相信的话,这是个意外,但这是个有用的意外。要是我们在任用要职时多犯这种错误,我们的国家就不会有那么多问题了。对规定大而化之的领导——像科罗廖夫那种,一般来说都有着很高的德行。"

4 月 11 日早晨 5 点。装配间的大门缓缓开启,鼻尖装载着"东方号"的 R-7 火箭横躺在轨道车的液压台上,款款驶入破晓前的微凉风中。科罗廖夫步行在轨道前方,像父亲陪护着孩子那样陪着他的火箭。为了不造成颠簸,轨道车速度比步行还要缓慢。从这里到发射台总共 4 公里,科罗廖夫寸步不离。就像季托夫说的那样,"火箭是总设计师的孩子,如果你愿意这么看的话。所以他一路陪在它左右。速度很慢,那个时候,速度总是和出问题联系在一起。'东方号'的火箭既强劲又精细,第一枚尤其如此"。

　　是日下午 1 点,科罗廖夫陪同加加林和季托夫上到发射架的顶层,最后一次排演入舱程序,此时火箭已经竖立在发射架上。在那里科罗廖夫突然间变成了一个疲惫、虚弱的老人,最后是在别人的帮助下才从发射架上下来,回到发射控制室去休息。这时,加加林才发现,在总设计师粗壮有力的外表下竟然是如此脆弱的一个人。[5]

　　与此同时,在萨拉托夫郊外的驻军营房,安德烈·斯图琴科将军在凌晨的黑暗中被一通电话吵醒。电话来自克里姆林宫某个严厉的高官:"有人马上要进入太空。这个宇航员将会降落在你的防区。你必须保证他安全返回,你以人头担保这项任务能顺利完成。"[6]斯图琴科保证他一定效命。他抓起一幅地图,在图上划分区域,以最快速度在一天之内把部队派往各地,以等待那个奇异景观的到来——一个从天而降的男孩。

发射的前一晚,季托夫和加加林在离发射台几公里外的小村舍过夜。卡马宁来看他们,加加林把他拉到一旁(卡马宁日记里记载),紧张地耳语道:"你知道吗,我脑袋有些不对劲。"

"为什么呢?"

"明天就要发射了,我一点儿也不焦虑,你知道吗?你说这情况正常吗?"

"这情况非常好,尤拉。我真替你高兴,晚安!"

科罗廖夫当然也来为他的宇航员安顿晚上的住宿。他开玩笑:"我真搞不明白你们紧张什么,政府在今后 5 年就要奖励太空度假了!"大家都笑。科罗廖夫冷静地看表,道了晚安。这就是宇航员睡觉的信号。

弗拉基米尔·雅兹多夫斯基是医疗高级主管,他在宇航员寝室花了一整天来配合医生做一个测试。他往两个宇航员的床垫下塞了应变仪,以记录他们在睡眠中是否翻身。电线从寝室墙上新开的小洞穿出村舍,接到一组电池上。数据电缆绵延几百米进入另一座建筑,这里医生可以观测结果。照理说,实验应该是秘密进行的,但加加林和季托夫已经从以往痛苦的经验中察觉到了此事,因为医生们层出不穷的奇招是不分时间的。("就像没人从钥匙孔里看你,但你就是能感觉到你被监视一样。")历史记录表明,这两人当晚睡得很好。但常识却告诉我们未必。加加林最终向科罗廖夫吐露他根本就没有睡。不仅是迫在眼前的飞行攫住了他的心神,而且还因为,他想尽力睡得一动不动,好让医生们第二天宣布他昨天睡得非常好,足可以应付一早的任务。毫无疑问,他律己极严的候补也耍了同样的花招,结果就是这两人早上颇感倦怠,状态远不如不做这样的测试。在上床之前,加加林对卡马宁吐露,他一直认为季托夫和自己是机会相当的。加加林知道,就是最后一晚的睡眠测试,流露出一点点的不满也能导致功亏一篑。几个月后,加加林和科罗廖夫开玩笑:之所以是自己胜出,在 4 月 12 日早晨领命进入太空,其唯一原因就是季托夫在头天晚上睡觉时翻了个身。[7]

美国情报专家非常清楚,"东方号"的发射准备工作已经迫在眉睫。华盛顿时间比拜科努尔晚 8 个小时。也就是说,当那天苏联宇航员在它们布满电线的床垫上休息时,肯尼迪总统正出现在 NBC 的傍晚节目中。他和第一夫人杰奎琳对记者桑德·瓦诺克和雷·谢勒侃侃而谈他们养育孩子时遇到的困难,以及总统先生亲力亲为的管理作风。肯尼迪总统提到,在总统椭圆办公室里讨论的政治事件往往比它们被外界知晓的更微妙、更复杂。在他为电视机镜头表演出的每一个笑容和笑话背后,他知道,一个重大的打击即将在几个小时之后等待着他。[8]

* * *

4 月 12 日早晨 5 点半。科罗廖夫和雅兹多夫斯基翩然进入宇航员漆黑的宿舍,打开了灯,一副矍铄的神采。"你们这是干吗,孩子们? 睡懒觉吗?"加加林和季托夫这才做出从黑甜梦中苏醒的动静。

"睡得如何?"医疗主管问。

"像你教我们的一样。"加加林小心地对答。

科罗廖夫转而去查看他的火箭,在加加林二人洗漱、刮胡子之后重新回来,在客厅共进了早餐——高热量和高维生素的面糊,呈深褐色。此时,科罗廖夫的倦容已经十分明显,就算是在加加林经过严格审查的著作《星际旅行之路》对这一天的讲述中,这一点也是表露无遗:

> 总设计师进来。这是我第一次看到他愁云满面、疲惫不堪。很显然他度过了一个不眠之夜。我真想给他一个拥抱,就像对父亲那样。他给了我一些关于飞行的有用建议,在我看来,他因为和我们聊天而心情愉快了很多。[9]

医生们从另一座建筑前来,带来了他们"最爱"的家什:黏黏的圆形传感器,最后一次为宇航员体检。两个宇航员赤裸上身,耐心地让医生在他们身上贴满传感器。太空城的主管叶甫根尼·卡波夫给他们一人送来了一束花——他只是转交自一个叫克拉芙狄娅·阿奇莫夫娜的老太太,她长年住在村舍中,儿子是飞行员,死于二战。卡波夫没让她进门,好言劝慰了几句,把花拿了进来。他希望说点什么,一些配得上这个伟大时刻的应景话,可是一句也没想出来。"我也没什么建议,也没有道别,就讲了些笑话。在早餐桌上我们挤出管子里的航空食品,假装甘之如饴。"[10]

早饭后，医生们收起了传感器，宇航员被送往装配车间。巨大的车间空空如也，火箭和太空舱已经送往发射台，不过，还有一些东西是留给两位飞行员的——太空服。

到目前为止，季托夫和加加林的待遇是同等的。不过这时，在这间干净得闪闪发亮的车间里，一个细微的变化开始标志着两人重要性的差异。季托夫第一个穿上他带棉垫的衬里，第一个穿进他的抗压太空服，第一个套上橙色密封层。当他全副武装的时候，加加林还完全没有准备。对这一点季托夫完全提不起兴趣来激动。技术员之所以先给他穿衣，加加林第二个，完全是为了尽量少地让第一宇航员从这里到发射台的途中饱受穿着太空服的高温煎熬。去发射台的路上，两位宇航员乘坐的巴士有换气扇，但对降温不怎么管用。这时，季托夫明白，第一个穿衣明白无误地传递着他屈居第二的事实。

加加林也经历着让他惊讶的新发现。在他关于此次飞行的正式出版物——《星际旅行之路》中，他写道："帮我穿太空服的工作人员突然拿出了几张纸，其中一个竟然掏出工作证让我签名。我没法拒绝，就签了好几个。"叶甫根尼·卡波夫全程都在加加林身旁，他注意到，第一宇航员对这些签名的要求甚是尴尬。"这是他来到拜科努尔以来第一次手足无措，不知如何应对。他问：'这个有必要吗？'我说：'你得习惯，尤拉。你回来以后会有上百万的名等着你签。'"许多个月的技术、身体训练让加加林无暇考虑今天的飞行到底将带给他什么。现在，他终于提前一窥他即将扛起的社交重任，或许已经晚了。

他们俩穿着 20 世纪最具特色的服装,坐进了巴士。这是一对几乎一样的宇航员,同样的年纪,同样地吃苦,同样勤奋地训练,同样达到了身体素质的最高峰。他们的太空服、头盔也都并无二致。今天上天的本来可以是他们中的任何一个,但诡秘的命运决定了最后人选。当巴士到达了发射台基,季托夫真诚地祝加加林好运。摄影师苏沃洛夫在他的日记中回忆了这一幕:

> 按俄国传统,这样的场合,送行者应该分别亲吻离开者的左右脸颊,共三次。但穿着厚重的连着头盔的服装,这么做几乎是不可能的。所以他们用头盔互相撞了几下,这看上去很好笑……接着加加林下了车,笨手笨脚地趔向总设计师。显然,穿着这样笨重的服装行走是很困难的。[11]

季托夫留坐车中,透过窗户呆望着水泥加固过的控制室。大家都管控制室叫"刺猬",因为控制室顶上犬牙交错地安装了不少尖头桩,据说这是为了防止升空失败的火箭坠落并穿透控制室的屋顶,这些尖头桩将保护控制室不受最大限度的破坏。至少,这种理论比让季托夫呆坐车中充当加加林的替补要有道理一些。季托夫带着一种伤心的清醒,回忆当天的情景:"我们一同训练了很长时间,我们都是战斗机飞行员,我们互相了解。他是这次飞行的主角,我是以防万一的替补。但我们都知道'以防万一'的情况真的不可能发生。这最后一步能发生什么? 在去发射台的车上突然感冒了? 折了腿? 都是胡扯。我们就不应该一块儿去发射台。我们中间一个人去就行了。"

季托夫承认,纵然如此,一个挥之不去的念头始终在头脑中萦绕:"说不定会有意外发生。不,不会的,但是万一呢?"

弗拉基米尔·雅兹多夫斯基回忆起季托夫在车中如坐针毡:"他盼望着,在入舱过程中加加林的太空服出现一道小小的裂口或是其他的意外,二号人物旋即掌控大局。但加加林小心翼翼地乘坐发射台升降机入舱。他报告我他已经就位,我下令季托夫可以脱掉服装了。他猛然应声,仿佛从某种状态中惊醒,但马上恢复了平静,再也没有表露出异样的情绪。"

科罗廖夫、凯尔迪什和其他一些高层人物在发射台基迎接、祝福加加林。科罗廖夫说:"是时候出发了。我亲身进过大球里面感受了一下。"说着,他从口袋里摸出一块六角形的金属纪念章来。这是1959年苏联"月球二号"撞击月球时故意撒落在月球上的纪念章的仿制品。"说不定朝一日你会亲手去捡回来一些,尤里·阿列克谢维奇。"[12]

卡马宁在日记中不带感情地记录下临行的一幕:

> 加加林下车,所有人都不再抑制自己的情感,开始互相拥抱、亲吻。一些人没有说祝福的话,反而一边说着"再见"一边流下眼泪,好像这是永别一样。我们需要用力才能分开这些拥抱中的宇航员。

科罗廖夫大步消失在"刺猬"控制室。加加林由升降机升上高处,季托夫留在地面。

　　加加林到达顶层,技术员推着他的肩头把他送入"东方号"舱门,随后坐在弹射椅上。奥列格·伊万诺夫斯基和首席试飞员马克·加莱探身进舱,帮尤里束紧座椅上的安全带。当加加林太空服上的软管和维生系统相连时,他就成为了飞船整体的一部分。躺椅圆筒形的下部装入了固体火箭的喷管,当然也有独立的供氧装置,以防太空舱在 10～15 千米高空破裂时加加林弃舱跳伞之用。在那样的高空,空气稀薄并且酷寒,难以吸入。

　　在地下掩体中,科罗廖夫和技术员盯着显示器,指示灯闪动,表示连接软管以后维生系统一切正常,加加林的供氧系统正在工作,太空服也没有漏气的迹象。在发射台下,大巴里郁郁寡欢的季托夫收到了他最后的命令:彻底退出这项任务。

　　在大巴和它落寞的乘客上方的 50 米处,伊万诺夫斯基用拳头敲着加加林的头盔,以此道别,但最后仍有一事让他很难快意:密码。"这事想起来总有些不对。把尤拉送上太空,却不给他任何操控自己飞船的权限。"伊万诺夫斯基说,"不管心理学家说什么,他毕竟是经过训练合格的战斗机飞行员。"加加林接受的所有训练不就是要他在高速运动的飞行器中排除一切危机吗?伊万诺夫斯基站在加加林的立场上感到一丝恨意。"医生根本不能判断他高度紧张的神经是否正常,因为他们根本不懂任何一种飞行。"如果"东方号"出问题,加加林理应接过控制权,摁下开关,以自己的方式解决问题,就像一旦驾驶米格失去控制他被寄予做到的那样,而不是去请求一帮医生的许可。"东方号"是一部特别的装置,但始终是一架飞行器。就像飞机一样,它可能在起飞时、飞行中、降落时爆炸——伊万诺夫斯基用"不愉快"这个词来指代这所有的意外。"所有的飞行器在驾驶中都有遇到不愉快的可能。但'东方号'增添了新的不快,以上的错误它可能都没有,只是返回火箭不能点火,就带着加加林在轨道上安静地运行,没有任何获救的希望,没有任何出舱的可能,没有任何跳伞回到地面的盼头。'东方号'成了一具活棺材……"他指出了宇航员生命中最基本的风险:"他的工作,他的特殊技能中必须有一项,就是接受自己的死亡。"

伊万诺夫斯基担心所有"不愉快"的发生。他知道太空领域没人公开谈论这些可能性,尤其是宇航员自己。谈起在发射台那天的事——那一次良心的叛逃,他说:"天晓得我为什么要这样做?一定是一时管不住自己了吧。"发射台上,他凑近舱门,示意加加林打开面罩,那样他们可以不通过无线电对话,能保证对话的私密。他决定告诉加加林这次任务最大的秘密——六字键盘的三位数密码。加加林需要用它来解锁飞船,获得控制权。

"我当时说:'尤拉,数字是3、2、5。'他笑了笑,说:'卡马宁已经告诉我了。'"

铁石心肠的斯大林主义者在最后关头也显露出了温情。连加莱和科罗廖夫也打破了规矩——他们一直对设置这个密码不以为然。总之,最大的秘密不复存在。除伊万诺夫斯基还有 3 个人,包括总设计师自己都违反纪律对加加林吐露了真相,真是令人欣慰。理论上,伊万诺夫斯基已经违反了《国家保密法》,依律可以被投入监狱。

当伊万诺夫斯基使劲握住加加林的手套作最后告别时,他的心中泛起一阵轻松。他和加莱两人在火箭部队司令弗拉基米尔·夏波瓦洛夫以及另外两个发射台初级工作员的帮助下封上太空舱。他们先检测了舱门位置的电接触,以确保到时能收到清晰的信号。一旦舱门封死,这些接触点还须保证整个太空舱的密闭。他们还在舱门的接触圈内埋置了小型炸药。一旦发射失败,炸药能够在毫秒之间炸开舱门以便加加林逃逸。接触点的信号良好,所以他们开始封上舱门,并一颗颗旋上 30 颗螺钉。

当他们完成最后一颗螺钉,发射台的电话响了。"我们当时认为肯定是科罗廖夫从控制室打来的,命令我们从发射台上下去。"

并不完全是。确实是科罗廖夫,但他的声音远非兴高采烈。"怎么不报告你们的工作? 舱门封上了吗?"

伊万诺夫斯基说已经封上了,就在几秒钟之前。

"我们收不到 KP-3,"科罗廖夫咆哮(KP-3 是接触点应该发出的电信号),"你能重新打开舱门吗?"

伊万诺夫斯基提醒科罗廖夫重新装卸舱门会让发射时间推迟半个钟头。"但是我们收不到 KP-3。"科罗廖夫重复着他一贯的逻辑。舱门需要被重新开启。伊万诺夫斯基想,要是加加林看到头顶的圆口射进黎明的阳光,该是多沮丧的心情啊。"我问科罗廖夫:'我该告诉尤里吗? 他一定会很伤心,以为飞行取消了。'科罗廖夫说:'不用担心,冷静地做好你的工作。我们会告诉尤拉。'"但伊万诺夫斯基不能。"冷静?! 你能想象吗,我们 3 个人,6 只手,30

颗螺钉，我们还只能用一种特殊扳手来卸下它们。舱门有大概100公斤、1米宽。这活儿不丢脸，就是很粗笨而已。"

粗笨，而且累人。从4月11日早晨火箭到达发射台开始，伊万诺夫斯基和同事们就在一刻不停地检查：从维生系统、推进系统到导航陀螺——一切都是电能和化学能的精密结合，任何细节的一个不小心都有可能酿成摧毁加加林和大半个拜科努尔的爆炸。他们反复察看了一天，最后关头却是舱门上几个简单的开关威胁了整个发射计划。他们卸下舱门，伊万诺夫斯基不敢往里看。尤里会怎么想呢？"一开始我看不见他的脸，只能瞧见他白色的头盔顶。但是在他左边衣袖有一个缝上去的镜子，方便宇航员察看被头盔挡住的头顶区域。他抬了抬手，我从镜子里看到他的脸，笑嘻嘻的，表明一切正常。"工作人员加快手脚安上了舱门，整个过程中加加林一个人低声吹着口哨。

30颗螺丝又开始拧上。科罗廖夫的声音再次传来，稍有歉意："KP-3接收正常。"伊万诺夫斯基不想怪罪谁，但他从一开始就认为自己的安装没有什么问题，一定是控制室里的人错读了信号。现在还有40分钟。控制室传来命令，火箭周围发射架和走廊上的人员立即撤离。伊万诺夫斯基和4个同事待的操作平台开始缓缓移动并脱离火箭，下一秒平台就可能向外倾斜45°，那时所有人都会掉下去[1]。他们不得不狼狈地打电话要求推迟

---

[1] 这是因为俄式火箭发射架用4根机械夹臂从4个方向"扶住"火箭，发射时机械臂向四方展开，像花朵绽放一般。这种设计不同于其他国家的发射塔。

撤离的速度。大家拍了拍大球,祝它好运,然后脚不沾地地飞奔下发射架。

伊万诺夫斯基奔向最近的控制室掩体。而摄影师弗拉基米尔·苏沃洛夫却选择留在地面空场,他不能失去这辈子最重要的一次拍摄机会。他和助手在发射台周围准备了无数的照相机位——有手动的,也有自动的。但守卫严厉地清场,要求他们离开。其中一个军官对苏沃洛夫愚不可及的要求大发雷霆:"拍摄人员不能留下! 这里我负责,我命令你们马上进入掩体!"但摄影师的怒气更甚:"这是我们的任务! 我给你写个条,我自愿留在掩体外。如果我死了你不必负责。行了吧?"

"行了,行了,请别见怪。"守卫们走了,苏沃洛夫得到了历史性的一刻。[13]

大巴从发射台离开,季托夫在陪护下来到观察掩体中脱去笨重的服装。盖伊·塞维林的技术员像捕食者一样把季托夫扒了个精光。他两臂空荡,两腿起皱,皮围脖半套在头上,而工作人员早已奔出掩体看火箭发射去了。"他们完全忘了我。"季托夫回忆起来还很伤心,"我一个人在那里。"他笨手笨脚地跟在大家后面出了掩体,爬上楼梯,来到掩体顶上的观察平台。

直到今天,季托夫还能清楚记得那天接下来的所见所感。"我能听到燃料像红酒般汩汩注入燃烧室的声响,发出高频的口哨声。当推进器点火,仿佛全频率的声音都响了起来,从尖厉的叫声到隆隆的低语。"火箭悬于导焰井上方,由4只细长的机械夹臂支撑。推进器运转了几秒钟，酝酿着在最后一刻喷出炼狱般的巨大火焰。"推进器点燃，我看到火箭尾部喷出滚滚烈火，沙石因为气流而漫天飞舞。"4 只机械夹臂向四周倒下，巨大的喧嚣的声浪很久之后才传来。"胸腔像被巨锤击中一样，身体里的空气都被摇了出来。你能感到水泥掩体随着噪音左右摇晃……火箭的尾焰亮得耀眼……看到火箭在上升中左右轻轻摇晃，我就知道次级转向喷嘴工作一切正常……我描述得不好。我见过许多次火箭发射，每一次都不一样。用语言来描述是乏力的，你该亲眼看一看。每一次都像全新的一样。"

季托夫凝视着耀眼的火焰越飞越高，变为一个小小的光点，直到成为视网膜上一个消退的痕迹。留下的只是刺鼻的烟迹和震耳欲聋的寂静。平台上所有人都用后背注视着他。

接着，在掩体控制室里，加加林从无线电里穿越而出，从天上发回报告。"听见尤里的声音我感觉很怪……就在半个小时前我们还坐在一起，现在他已经在天上不知什么地方了。真的难以理解，我丧失了时间感，我当时这么觉得。"

天上的加加林作为第一个进入太空的人被人们记住，只要人类历史还有存续的一天。留在地面上的季托夫被人遗忘。他现在住在莫斯科，已是满头白发，他是商人，也是国家杜马的政治人物。他常常回到拜科努尔，看着消夏小屋的油漆日渐脱落，岁月带走了它们，以及他的时代。

如果说还有哪个宇航员比季托夫更加失落的话，那一定是格里高利·涅柳波夫了。他也差一点成为那个伟大的人。他和加加林几乎同岁，在加入 20 人宇航小队之前，在黑海舰队服役，驾驶新型的米格-19 战机。他是个聪明人，也很出色，但他的致命弱点是渴望在任何时候都成为大家瞩目的对象。尽管被一些人看好，成为季托夫之后的第三号人选，但这个排位带给他的最终只是巨大的失望。

涅柳波夫的航天事业半途而废，而他从来也没飞出过大气层。1963 年 5 月 4 日，卡马宁把他从宇航小队中除名，因为他在火车站向一名巡逻兵醉酒滋事。巡逻兵因行为不端逮捕了他（据奥列格·伊万诺夫斯基说），他还不依不饶："你不能这么做，我是个重要的宇航员！"军官同意如果他道歉就释放他，但他不。还有两名宇航员，阿尼基耶夫和菲拉杰耶夫也被卡马宁开除，虽然他们只是围观了这一闹剧。

涅柳波夫去了偏远的空军基地继续驾驶米格。在那里，他竭力想让身边的战友相信他曾是个宇航员，曾是伟大的加加林的候补，但没人相信。1966 年 2 月 18 日，在巨大的沮丧中，他卧轨自杀。

涅柳波夫的样子从一切和"东方号"计划相关的资料照片中涂掉了。1973 年，眼尖的西方历史学家才发现了一张幸存的抓拍。太空城政治信息保密人员无意的疏漏造成了这张照片的公开，他们并不知道这张照片的价值，以及它所反映出的偏狭心理。[14]

第六章　太空 108 分钟

发射前一小时,科罗廖夫的声音出现在耳机中:"尤里·阿列克谢维奇,能听见我的声音吗？我有话说。"

"我听得很清楚。"

"我想提醒你,在最后 1 分钟准备的提醒过后,还会有 6 分钟的等待才发射,到时别紧张。"

"收到。我不会紧张的。"

"我们要干一些事,需要这 6 分钟,你明白的。"他的意思是一些仪器出了故障,需要延迟 6 分钟来修好它们。

这时,宇航员波波维奇也加入了通话:"嗨,你知道我是谁吗？"

"当然了,是山谷百合①嘛!"

"尤里,你在那里无聊吗？"

"如果能来点儿音乐就能好受点了。"[1]

科罗廖夫考虑到了飞行的一切细节。他私下关照技术员找

---

① 波波维奇(Popovich)的名字在俄文中是山谷百合(Lily of the Valley)的意思。

一些磁带录音来播放。

"有音乐了吗现在?"几分钟后科罗廖夫问。

"什么都没有啊。"

"该死的。他们慌慌张张的什么也办不好。"

"啊,现在有了。他们放了首情歌。"

"不错的选择,我得说。"

8:41。加加林感觉到远处阀门关闭的震动,燃料管拔掉时火箭左右摇摆。"尤里,我们要进地下控制室了。5分钟后我们再通话。"

8:51。音乐停止。科罗廖夫低沉、严肃的嗓音传来,这次没有一丝玩笑:"尤里,15分钟准备。"这是让加加林密封手套和放下头盔透明观察罩的信号。在这最后的几分钟,没有上演美国对公众的"五、四、三、二、一"倒计时广播(就没有广播装置)。火箭将于莫斯科时间上午9:06发射。"东方号"指导专家尤里·马兹霍林说:"美国人的倒计时无非是给电视转播增添些戏剧感。"加加林在地面的最后几秒十足是反戏剧的。

"发射按钮已打开。"

"进气。"

"空转。"

"点火。"

一时间高音啸叫,低音隆隆,群响毕至。某一刻加加林意识到他已经升空,但具体是哪一刻离开地面却是很模糊,唯一能确定的是发射架的4支机械夹臂以百分之一秒的速度相继松开火箭。加加林僵卧在座椅上，全身紧绷。随时可能出问题，没准下一秒就舱体破裂，弹射座椅就把他像子弹一般发射上早晨的晴空。"救命的弹射"也可能致命——摧折脊椎、拧断颈骨，像鸡子那样；舱门的边缘也可能钩住膝盖并扯下它们。这一切的一切，他都作好了准备。

载荷在增加。目前还没有需要紧急弹射的意思。加加林事后并不记得，但别人都说他此时大叫了一声："Poyekhali!（出发吧!）"他在官方自传《星际旅行之路》里明白无误地流露出对升空一刻的享受：

> 我听见口哨声，还有不断增加的巨响，感受巨大的火箭每一次的震颤。慢慢地，它离开了地面。噪音不比喷气式飞机更大，但却覆盖了全部音域，没有哪个音乐家能够听写下全部的曲谱，也没有哪种乐器以及人声能够重新演绎这首曲子。[2]

"升空 70 秒。"

"收到，70 秒。我感觉很好。继续飞行。载荷增加。一切正常。"

"升空 100 秒。你感觉如何?"

"感觉还行。你呢?"

升空 2 分钟以后，加加林开始感到难以说话了，因为载荷抻拉着他的面部肌肉。"但事实上也不是那么难。压力和驾驶米格急转弯的时候差不多。"他事后回忆。

有一刻他失重了,感受到皮带粗暴的力道。一阵突然的抖动说明 R-7 已经抛掉了它的 4 个侧面推进器①。"小七"这时放缓了加速,仿佛在为最后的冲刺蓄力。一度感知不到的体重又回来了。

升空 3 分钟后,火箭头部整流罩成功导爆脱离火箭,火箭顶端的大球露了出来。加加林从舷窗瞥了一眼深蓝色的外空。当他侧头观察的时候,耀眼的电视机光源让他开始感到一丝不适。

升空 5 分钟。又是一阵颠簸,芯级火箭同样燃料耗尽、抛落天际。千百万卢布的超级机器就像用过的火柴一样被弃掷一旁。"东方号"由一小截上面级火箭推进着爬升进入轨道——在升空 9 分钟后,加加林终于成功进入轨道。震动消失了,但一点儿也不安静。只有那些从没上过太空的人才会描述"外太空是可怕的寂静"。飞船其实吵得要命,电风扇、换气扇,生命维持系统的泵和阀门,以及控制面板背后的冷却电路的风扇都会发出声响。此外,加加林还戴着不停发出嗞嗞的静电声的耳机,耳机里无休止地要求他汇报即时情况。"开始失重了。"他报告说,"一点也不难受。我感觉很好。"

"东方号"缓缓转动,如此运动一半是因为可以不必在无谓的运动中耗费燃料,一半是因为避免飞行器外壳的同一面被太阳炙烤太久。加加林望着窗外的深蓝,他从未见过的深蓝色。

———————

① R-7 为捆绑式火箭,由 4 个侧面推进器和中间的芯级火箭组成。

地球从舷窗的一侧缓缓进入视野,又从上方款款滑出,一会儿又出现在另一个窗里。天空几乎成了深黑色。加加林竭力想发现一些星星,但电视机的亮光直射他的眼睛。突然间太阳从一个窗里露面,发出几乎致盲的强光。接着又看到了地球,弧形的地平线上方氤氲的大气层薄如蝉翼。

"东方号"向东飞行,以每秒 8000 米的速度一路向东。数字显示他的速度为 28000 公里/小时,加加林却感受不到丝毫的速度。

"你感觉如何?"

"飞行正常。设备工作正常。收音非常好。我正在观察地球。视野良好。我看到云。我能看到一切。太美了。"

"东方号"起飞后不到 20 分钟,它就跨过了西伯利亚。接着它的航行轨道斜指向北极圈,经东北半球到达北太平洋上方。在堪察加半岛的彼得罗帕夫洛夫斯克——苏联的极东地区,一座无线电接收站根据"东方号"的遥测信号计算出它的速度和高度。这将是这次飞行中精确计量手段的最后一次登场,而之后的工作就将交给设备简陋的海上站点去做。阿列克谢·列昂诺夫早早就来到这里,在卡马宁和国家特别委员会作出最终选择之前的一到两天就已抵达彼得罗帕夫洛夫斯克。就在列昂诺夫等待"东方号"信号的过程中,他对到底是谁在天上都一无所知。"尤里那个时候还没有我们今天的中央控制室(在莫斯科东北的加里宁格勒)。所以熟悉任务每个环节的宇航员就被派往苏联境内的所有主要的监听塔台去接收信号，我就是这样去了彼得罗帕夫洛夫斯克。我有一台小的显示屏，当收到'东方号'信号的时候我根本看不清那里是尤里还是盖尔曼，直到我看到了他的一些肢体动作，我才肯定那是尤里。我和他接通了线，他听到我的声音后立即说：'你好啊，金发男！'这是他给我起的外号。"

在彼得罗帕夫洛夫斯克接收到的信号被加密，由地面的连接传递到莫斯科，那里尤里·马兹霍林、凯尔迪什和一组电脑操作员会解开密码，把数据存进他们巨大的电脑中。

彼得罗帕夫洛夫斯克的无线电交流匆匆即逝。在"东方号"袭入拜科努尔清晨的天空后不到 30 分钟，它已来到太平洋，没入地球黑暗的另一半。它的身下，美国人正在安睡。美洲迅速在加加林脚下驶过。现在，在黑暗的国度，他终于能够看到星星了。繁星闪亮刺眼，并不闪烁。这里的星星比他在晴朗的冬夜里见过的还要多。

"东方号"随轨道前往南半球上空，越过合恩角和南大西洋。地面控制人员开始指导加加林为返回程序设定开关。他查看了景框，确保系统已让制动火箭朝向行进反方向的某个角度，并让舱体摆正了位置。其实加加林并没有太多开关需要调试，比起来，通报地面现在太空舱的各项状态似乎更麻烦一些。据已出版的文字来看，加加林没有接管飞船的控制权，那三位密码他碰都没碰。

莫斯科时间上午 10 时 25 分，升空后的 79 分钟，"东方号"的制动火箭准时点燃，开始制动。此时飞船正登临非洲西部。

它准确地工作了 40 秒钟,接着熄火。装置于大球背后的制动舱设备的最后使命已经完成。4 条固定大球的金属皮带在爆破中断开。加加林只觉得大球猛烈旋转着脱开了束缚。

第一阶段的轨道脱离按计划完成。自动控制系统径自运转,在一瞬间的静谧中,加加林突然想到自己此行的重大意义:

> 我想:"地上的人听说了我这次飞行会怎么说呢?"……我想起了我的母亲,每天睡前她在我肩上的亲吻。她知道我现在在哪里吗? 瓦娅告诉过她吗?[3]

此时,加加林一家对此消息根本没有任何思想准备,整个行动都是绝密。他只获准告诉了瓦娅,但他撒了个谎,说 4 月 14 日上天,这样在真正的发射日她就不会担心了。

卓娅得知这个爆炸性新闻时,正准备去格扎茨克医院交接班。"我们很难接受。我们竟然是从收音机里得知的这个消息。尤里跟妈妈说他要出差。妈妈问:'远不远?'他说:'非常远。'我们都不清楚他要去哪儿,什么时候去。"其实,那天早上他们本没有打开收音机,因为卓娅的小儿子(另一个尤里)正在做作业,需要集中精力。安娜默默地做早饭。卓娅回忆:"瓦连金的妻子玛利亚突然急三火四地推开门,上气不接下气地说:'尤拉!'妈妈突然呆在了那里:'告诉我他怎么了……是坠机了吗?'玛利亚说:'没有,暂时还没有。'回想起来这一幕相当地戏剧性,虽然当时我们都担心得要死。最后玛利亚才说:'他已经在太空了!'我想都没想,气急败坏地说:'上帝啊,他是两个小女孩儿的父亲,他怎么能这样! 他是发了疯吧!'"

安娜很冷静。她伸手拿了外套:"我要去莫斯科看看瓦娅,她和孩子们会很孤单的。"

她很冷静,但也忽略了,她不可能径直出门就去莫斯科,在到火车站之前还有好几公里的路要走,或许她该让瓦连金给她叫辆车。

这时,大家打开了收音机。

安娜穿上夹袄,戴上她最好的头巾,出门去看火车票了。卓娅联系了医院,说自己很不舒服,不能来上班了。"一个邻居来了,和我们坐在一起听收音机。欢欣鼓舞的新闻播报和背景音乐让我们稍感慰藉。接着音乐停了,播音员说道,尤里·阿列克谢维奇·加加林少校将名列共青团中央委员会的荣誉榜上。我想:'这不是阵亡的人才上的光荣榜吗?'"

塔斯社的报道很快恢复了欢快的调子,卓娅大感安慰。爱国主义进行曲也重新奏响。播音员说加加林已经安全着陆。"我肩头上的大石头终于落了地。"卓娅说。

瓦连金·加加林就住在隔壁,中午在家休息了一个小时已经先一步上班去了。在上班路上他间接听闻了一点儿风声,突然小女儿奥利亚在身后叫他:"爸爸,爸爸! 快回家吧,妈妈哭了!"

几家人一阵忙乱。尤拉正在太空,安娜要去莫斯科,需要人开车送她去车站。

那些静置的卡车让瓦连金对这事的真实性有了些信心。他在汽车调配厂工作,在他回单位请假时,他发现一些怪事正在发生,或者说怪的就是什么也没有发生。"所有卡车都整齐地排列待命,和往常一样。但保养库的门开着,没有一个司机在驾驶座上。没有一部车发动着引擎。目的地那头的经理也没有打电话来催促他们的货物,按往常电话可是此起彼伏。总之,没人干活儿。"瓦连金找到工长,向他请假带母亲去火车站。"头儿说:'你没看见吗? 司机今天都不上班了,都在收听你弟弟在太空的消息!'我接着问:'那我能借一个小时卡车吗?'他兴奋地用最大音量喊着:'当然了! 随便你选! 顺手挑一辆出发吧!'我最后开了一辆油罐车,因为那是我找到的第一辆插着钥匙的。"

他在旧变电厂接上安娜,火车还有 15 分钟就要开走。当他们到达车站,旁边的骑警都疑惑这人到底有什么事这么心急火燎。当他们搞清楚这油罐车上坐的是首位航天员的母亲,一切变得非常顺利。火车已经从站台缓缓启动,但站长下令马上停车。"妈妈上了车,检票员也赶上车厢,因为她忘了收钱。"

瓦连金百感交集,这时他必须赶去区委办公室,那里有无数的电话等着他去接。

至于尤里的父亲阿列克谢·加加林,他一大早就出门了。他在离从前旧村子格鲁什诺不远的集体农场有一份工作。他正心满意足地干这活儿,一个工友来了,开始问一些关于他儿子的奇怪的问题。

"你问这个干吗?"阿列克谢很谨慎。[4]

"你没听说吗？广播都说了，加加林少校正在太空飞行！"

"不，我儿子只是上尉。但我也祝这位同名的少校好运。"

巧的是，尽管这样，阿列克谢还是踱步到了当地苏维埃（民选的议事机构）看看事情的原委。他刚一探头进去就发现里面人潮涌动，沸反盈天。地方苏维埃主席瓦西里·比留科夫正忙着和格扎茨克的某党务官员通话。官员说："我们必须找出来这个宇航员的出生地在哪儿。他在你们村的名单上吗？"

"我不用名单！"比留科夫兴奋得大叫，"他父亲就在我屋里！来，我让他听电话。"[5]

带着惊讶和意外，阿列克谢接过听筒。他明白了原委，激动得说不出一句话。

格扎茨克的官员希望阿列克谢尽快回去，但格扎茨克和格鲁什诺的道路刚刚被春洪截断。阿列克谢的跛腿和身体不容他一路跋涉，所以比留科夫给他安排了一切行程。先骑马蹚过湿泥地，接着坐拖拉机绕过被淹的通衢大道，走野僻小径。总之，同行人骄傲地把宇航员的父亲带回了格扎茨克。在那里，他加入了瓦连金和鲍里斯，在党办接听从各地打来的似乎无穷无尽的电话。

瓦连金回忆："我们每个人都安排了一间办公室和一台电话。一个地方苏维埃的秘书向我抱怨道：'上帝，你帮我能回答那些家庭问题吗？我们实在处理不了来电了。人们只问那些非你不能回答的问题。'我和鲍里斯都坐在电话边，它们一刻不停地响着。有从莫斯科来的，有从列宁格勒、基辅、符拉迪沃斯托克来的,还有好多我根本没有听说过的小城市。对了,还有国外的,从那些民主国家来的,罗马尼亚、波兰、匈牙利什么的。总机接线员只给每个电话两三分钟。2点钟的时候电视台的人来了,整栋楼嗡嗡嗡像个蜂巢。"

直到此时,全世界才知道了这个名字——尤里·阿列克谢维奇·加加林,来自斯摩棱斯克的农民出身的飞行员。

卓娅说:"我们当然就永无宁日了。记者从四面八方赶来。"确实如此。一群群带着镜头、录音机的记者不知打哪儿就冒了出来。他们坐着伏尔加、柴卡、吉尔前来,不幸的是通往城镇的路都因春洪变得泥泞不堪,拖拉机成了唯一好用的交通工具。莫斯科来的记者在几百米外停下,穿着城里的鞋子一脚高一脚低地穿越泥地。有些全副武装的记者干脆就坐着直升机来。那天早晨,安娜推开窗户换气成了一个错误。一些记者倒是很有礼貌地敲门问好,但有一些直接就从窗户爬进家去。转眼屋里就挤满了人,来人把加加林一家里外检视了一通,这里摸摸,那里看看。他们的效率和强人所难的程度堪比克格勃,也不比后者更加和善。他们张口要去了一些家庭照片,用后归还的许诺没有一个兑现。"从那以后,家里就再没清静日子了,"卓娅说,"什么地方的电话都有,都想弄清尤里是谁,从哪儿来的。他们什么都不知道!"

当然了,加加林一家也不能打任何的私人电话。唯一能用的电话机在附近的苏维埃社区礼堂,阿列克谢、瓦连金就在那儿接听电话。那天傍晚,尤里打来了电话,说他现在很好。安娜抵达莫斯科的晚上也得到了和尤里通话的机会。"但我们一天不见到他,我们真的不能相信他一切都好,"卓娅说,"我们俄国人有句话说,手触为实。"

大部分出版物记载加加林的下降过程很顺利,没有什么事故。加加林自己也小心翼翼地维护着这种说法。在他的官方记录《星际旅行之路》中暗示了当时的麻烦,这段文字对此一带而过,西方的专家当时完全没有察觉:

> 减速火箭自动地运行……我停止了失重,载荷重新把我压在椅子上。载荷越来越大,甚至超过了升空的时候。飞行器开始旋转,我报告给了地面。我担心的旋转突然停止,继续正常下落。[6]

至少在正式场合,加加林唯一谈及真相的机会是在他向以科罗廖夫、卡马宁、凯尔迪什等为首的国家特别委员会报告的时候。这个时候,宇航员有机会就"东方号"的飞行表现一五一十地秘密汇报。因为对外界透露敏感的技术细节是不合适的,加加林当然不会告诉世界他差点没命。

就在大球和设备舱成功分离并返回之前,传送电力和数据的脐带电缆却没有干净利落地断开,大球和设备舱藕断丝连,像一双不小心系在了一起的靴子,跌跌撞撞地栽着跟头向地球飞去。

大球质量并不均匀——加加林背靠的是加厚的隔热层,大球在炽热的大气中翻着跟头。设备舱卷起了气流,破坏了质量分布,返回的角度再也对不上了。"飞行器开始飞快地自转。我变成了一整支芭蕾舞团。"加加林在向国家特别委员会的报告中说,"我在等着它们自动分离,但苦等不来。制动火箭熄火的时候控制板所有指示灯都灭了,然后又都亮起来。总之还是没有完成分离。我觉出事情不对。接着飞行器的自转开始变慢,但变成了左一个 90°,右一个 90°……我感觉着飞行器的震荡和外衣的灼热。不知道一些噼里啪啦的声音从哪儿传来,可能是飞船的骨架,也可能是隔热层受热膨胀。我感觉温度明显升高。"[7]

返回舱的高温在它的周围制造出一层电离层,让无线信号无法洞穿。科罗廖夫和地面控制人员在加加林平安降落之前根本不知道到底发生了什么。

大气摩擦最终燃断了电线,恼人的设备舱被甩开,但这一甩又让返回舱堕入更加令人恶心的旋转之中。加加林一度因为剧烈的旋转而失去意识。"面板上的指示灯变得模糊,眼前的东西都变灰了。"

或许国家特别委员会对此事件的讨论没能及时让工程师作出任何改进,盖尔曼·季托夫又上天了。1961 年 8 月 6 日他遭遇了同样的经历,也同样是有惊无险。加加林事后对分离障碍的描述极其冷静和轻松,但季托夫说,如果他的经历有何参考价值,他在那时就会想:"返回舱和设备舱哪个结实?哪个会先破裂?你一定要开启所有的录音机和录像机以防你没能回到地面向人们讲述当时发生了什么。当你看到地球在旋转,时钟还在走的时候,你就应该知道信息还经电缆从设备舱传来。返回舱旋转极为厉害,还伴随剧烈震动。两个舱互相撞击。害怕吗?这问题有意思。我可能会被烧成焦炭,但又怎样?类似的事又不是没有发生过。"

后来加加林听到空气和返回舱表面擦出的口哨声,旋转也渐渐减弱。烧焦的舷窗外是蓝灰的天空,他准备着接受随时突如其来的强震。7000米高空时,他头顶的舱门飞了开去,狂风呼号。大球内部完全暴露在外。根据加加林出版过的讲述,他一时产生了一个奇怪的念头:"刚才那是我吗?我已经弹射出去了?"

他的讲述和弗拉基米尔·雅兹多夫斯基不那么吻合。雅兹多夫斯基是科罗廖夫的医疗主管,当时是地面控制小组的一员。他回忆加加林是自己操纵的弹射。

整个过程按理说应该是不需手动的。当压力计记录到大气压与7000米的气压吻合时,加加林就会被弹出,并在4000米时弹射座椅的动力背囊和降落伞脱落,人椅分离,加加林启用自己的降落伞降落。如果在规定高度座椅没能成功点火,他才需要自己操作弹射。如果没有特殊原因,这是不允许的。[8]

正当大球因为大气阻力下坠减缓,返回舱外层温度稍稍降低,加加林和地面恢复了无线电通话。雅兹多夫斯基说:"他报告我们,载荷还是很大,从不同方向撕扯他。我们鼓励他'坚持住',然后告诉他不会太早弹射,但他早早把自己弹了出去,在未知的高度。"

看来地面人员对加加林之前遭遇的分离障碍一无所知,也未能领会他抱怨高强度的旋转和过载的个中深意。可能加加林也没有时间详说细节,又或许他明白不能在无线电里谈论这些会被西方监听到的问题。这次飞行最后阶段的天地对话未见于任何出版物,只是历史学家菲利普·克拉克认为,在设备舱脱离后的相当长的时间,大球可能还在以极不舒服的速率旋转。加加林提早弹射或许并非出于惊慌,而可能是意识到旋转对弹射的影响,时机越早越好。

弹射和落地都非常顺利。座椅一经弹出,巨大的降落伞盖绽开天际,下落骤然减速,接着人椅分离,他用个人降落伞徐徐飘落。

拜科努尔的早晨正是华盛顿的黑夜。美国东部时间1:07,美国雷达站检测到了R-7升空,15分钟后阿拉斯加的阿留申岛无线监测站确凿无疑地监听到地面和宇航员的实时对话。白宫科学顾问杰罗姆·维斯纳把这个消息电告给肯尼迪总统的新闻秘书皮埃尔·塞林格。塞林格早已草拟了总统发言。几个小时以前,总统带着不祥的预感就寝,塞林格问是否火箭升空就叫醒他,总统疲倦地说:"不,明天一早告诉我吧。"[9]

华盛顿时间早晨5:30。莫斯科新闻广播宣布加加林成功降落,已经找到。一位忧心忡忡的记者打电话到佛罗里达的美国航空航天发射中心询问美国能否迎头赶上。人称"矮子"的中心新闻官约翰·鲍尔斯正在局促的办公室里准备小憩一觉。他和同事们为了把阿兰·谢泼德和他的"水星号"送上天,已经每天 16 个小时地工作了很长时间。当他在安静的黎明时分接到这个电话时,猝不及防进而怒不可遏,对着听筒大喊大叫:"这叫什么事?我们都还在睡觉!明早的头条会是'苏联送人上太空,新闻发言人说美国睡着了!'"[10]

4 月 12 日下午,肯尼迪总统在华盛顿举行新闻发布会。一贯自信满满、雄辩滔滔的总统显然比往常失色不少。他被问道:"总统先生,一位国会议员今天说,他已经厌倦了美国在太空领域总是慢俄国人一步。我们的赶超前景如何?"

"不管每个人心里是如何厌倦,而我,是最厌倦的一个。这需要时间。而在此之前可能还会有坏消息出现。我们正在进入我们有能力领先的领域——我希望是这样——一个对人类长足发展深有裨益的领域。但现在我们落后了。"[11]

第七章　凯旋

科罗廖夫、马兹霍林和第一特别制造局的弹道学家们对大球飞回的方向一清二楚,但他们不清楚的是在大球停下来之前它会运动多久。凯尔迪什的电脑计算的误差在几公里之内,这在太空这样的广阔空间来说已经足够,但涉及降落,这就是落在空旷平地和落进住家砸死人的区别了。"东方号"这条危险的返回路径本着谨慎的原则,尽量选取房屋较少的路线,比如草地、灌木林和牧场等。

今天,俄罗斯的太空返回舱都降落到哈萨克斯坦无垠的戈壁上,那里一般无人居住,发射地点也不远。30多年来,俄罗斯已经发展出了完备的太空舱着陆和人员搜寻流程。而回到1961年,科罗廖夫可不敢把他们的首席宇航员丢在寸草不生的荒漠中心。加加林的降落地距他6年之前首飞雅克-18的萨拉托夫航空俱乐部不远。具体地说,是在萨拉托夫的恩格斯镇西北26公里处,一座叫斯梅尔科夫卡的村子。

地面上的人不可能看到7000米高空大球舱门和弹射椅飞出的奇景。但拖拉机手雅科夫·李森科却听见头顶上空一声清脆的爆裂,他本能地抬头张望。舱门剧烈的爆炸声由 7000 米高空传到地面花了整整 20 秒钟,这段时间加加林已经下落了 3000 米,降落伞也已打开,地面肉眼看到他已不是难事。李森科听到的也许不是 7000 米上空的舱门爆炸飞出,而是 4000 米上空打开降落伞的声音。"听到爆炸声应该是有飞机,但我没有找到。"李森科说,"没有引擎声。我站着,望着,我看到一个球出现在天上。呃,也不是球,而是什么东西带着降落伞落了下来。我想是从飞机上跳伞的飞行员。"

李森科跑回村里拉响了警报。他集合了一大群可靠的朋友,他们穿过草地去看这位从天而降的飞行员。遇到当地村民加加林非常高兴:"我们去了那里,他向我们走来。他很高兴、活跃,特别是因为成功降落。他穿着跳伞服……不管那是什么吧,然后他说:'伙计们,我们认识一下吧。我是全世界第一位宇航员,尤里·阿列克谢维奇·加加林。'接着他和每个人握手。我介绍了自己,他说:'伙计们,别走。大人物们随时就会过来。他们会坐车过来,很多人,你们不要走,我们一会儿一起合影纪念一下。'但是,当然了,一会儿所有人都忘了我们。他们从城里或者驻防营地来,直接用车接走了加加林。他让我们别走,但他却被接走了,从此我们再没见过他。"

官方的迎接队伍来得极快,就像凭空冒出来的一样。斯图琴科将军(他的脑袋还在危险之中)开动近距雷达扫描了一上午。加加林和太空舱的降落点很远,斯图琴科分别派出人员搜索。"军队是坐飞机来的。有些士兵还是跳伞下来的。"李森科说，"简直就像侵略一样，还不让我们靠近。他们很怪，你知道。"

李森科不谙世事，只是个普通的拖拉机手，但他总结自己经历之事的国际政治重要性却是相当准确。"苏联宣布尤里·加加林完成了全世界第一次载人航天飞行，全国都激动得不行。这对外国来说当然是个耻辱。比如美国，他们是个强国，但却慢了我们一步。就像他们说的，'谁先闯出泥潭非常重要'。这是我的理解。"

李森科和朋友不是见到加加林落地的唯一的人。据以下加加林落地的官方记录可以证明：

> 再一次踏上坚实的土地，我看到一个妇女和一个小女孩。她们站在一头斑点小牛旁好奇地看着我。我还穿着亮橘红色的太空服，她们有点儿被我这身奇怪的装束吓着了。"我是朋友，同志！我是朋友！"我喊道，我摘下头盔，同时感到一阵紧张的瑟缩。"你是刚从外太空回来吗？"妇女问道。"是的，千真万确！"我答道。[1]

一阵紧张的瑟缩。每个苏联公民都知道美国间谍加里·鲍尔斯，就在去年5月份他在边境被击落。或许眼前这个橘红色的年轻飞行员也刚从被击落的飞机中跳伞逃生？相当一部分西方的航天史专家认为有一些农夫是举着草叉向加加林走去的，直到他们看见了他头盔上醒目的红色"CCCP"标志①。今天,苏联航天记者雅罗斯拉夫·格洛瓦诺夫已经承认:"加加林的橘红色保护衣是让农妇有些害怕,这都是一年前的鲍尔斯事件闹的。他们盘问道:'你从哪儿来? 要去哪儿?'整个儿把他当成是间谍。"

塔斯社适时地播报了加加林的降落。非常有可能的是,农夫们一开始的紧张和有所保留的敌意是因为他们一早就出门干活,而错过了收听对这次飞行的广播。

谁是第一个迎接加加林的人? 是李森科和同伴,还是加加林提到的农妇和小女孩?"呵,我记不住了,"李森科说,"确实,我们赶到着陆地点的时候,塔克塔洛娃,就是那个看林人的老婆,和她的孙女正给土豆地锄草,他们在附近有一块地。加加林落下来的时候我们不在。她惊慌得都想逃走了,接着他就看见我们了。"

当天晚些时候,一块简单的牌子就在加加林触地的地方竖了起来,上面写着:

不要移动!

12.04.1961

莫斯科时间 10：55

①　CCCP 是苏维埃社会主义共和国联盟的俄语首字母缩写。

两天后,一座石碑代替了路牌,上书:"Y. A. 加加林降落于此。"至于那个空无一人的太空舱的降落地却没有类似的标牌,那里距加加林的降落地足有两公里之遥。当时的档案对此语焉不详,因为单独记录下太空舱的降落地点等于承认了第一宇航员是用自己的降落伞落下的,而这是一个秘密。尽管如此,大球的降落地并不是无人知晓。在伏尔加河一条支流的河岸草地玩耍的一群孩子就眼见了大球从天上落下,差点砸到一条壕沟里。它的滚动在柔软的土地上造成了痕迹。如今这个痕迹看起来就和草场上千道的犁沟没有什么区别。

两个在校小女生——塔玛拉·库察拉耶娃和塔吉亚娜·马加利切娃一路跑去一睹这个神奇的物体。"我们俩本来有课要上,但所有的男生都跑了。他们看到天上有个球在飞。"塔吉亚娜说,"它非常大。后来落了下来,弹了几下滚出一段距离就停住了。它第一次落下的地方砸出了一个大坑。男生奔了过去,还爬了进去。他们捡出几管宇航员的食物带回学校,然后告诉我们大球降落的消息。"如今,这两个健康、漂亮的女人穿过山丘和犁沟,重访当年的地点怀旧,她们有些惊讶这条路并没有记忆中那么好走。"今天我们走到这已经很累了,可当年你能想象两个小孩能跑多快吗!"塔玛拉说,"我们听了广播,带着满腔期待就一路奔来了。"

男生们骄傲地拿出寻到的宇航食品。"有些人很幸运地找到了巧克力。"塔吉亚娜说,"有些人找到了土豆泥。我记得我尝了一些马上就吐了出来。"

塔玛拉不屑地说:"要是你今天请我吃这个,我们是不会吃的。"

当时孩子们(也包括一些大人)在大球上爬进爬出,想找一点纪念品。士兵们已经到场,但数量还不足以产生威慑效果。塔玛拉说:"他们想把我们吓退。'快走开!'他们说,'这东西会爆炸!'但这对我们一点用都没有。"

其实要想收集一些纪念品,萨拉托夫的居民还有不少机会。加加林一着陆就割断了降落伞。这副降落伞后来不见了。更大的大球的降落伞则被纪念品寻宝人分割成条。大球的舱门、无线电接收机还有其他的救生物品都散落各处。

所有这些零件在被重新找到前都经历了有趣的奇遇,比如救生筏。如果大球溅落海上,加加林需要在落水之前就从救生包里拿出充气筏,因为大球不能保证在海上一直漂浮下去。显然有人未经许可拿走了它,并在其后的一天或几天后带着它去伏尔加河的支流垂钓。一大队克格勃军官来到这个地区,要求归还所有从"东方号"上偷走的东西,如果丢失的设备不能立即交还,所有斯梅尔科夫卡的居民都将被逮捕。拖拉机手李森科回忆当时非常担心"什么东西弄坏,什么东西又丢了。最好是什么都别说……有些男孩子找到了一条船。警察来了说:'这是国家的,我们得拿走。'他们挨家挨户地施压"。

格洛瓦诺夫对这个故事也有贡献。"最后克格勃终于找到了他们的猎物,那个不快的钓鱼人只能坐立不安地说:'对不起,那船已经坏了,扯破了。'克格勃纠正这人的错误言论道:'船完好无损。没有东西被扯破。'"

克格勃的人显然不愿告诉上级这些重要的历史物证在他们重新找到之前已经被别人摆弄过了。

加加林双脚触地的一刻，他的社交义务就此生效。农妇和小女孩需要确认他不是敌方间谍。还有斯梅尔科夫卡的年轻人们，他们是那么友好，加加林非常希望他们和自己一同名留史册。但这时军队已经开进，到处是士兵。少校加西耶夫上前迎接，加加林讨巧地打着招呼："少校同志！苏联宇航员加加林上尉向您报告！"

"听着，你也是少校了。知道吗？你在飞行的时候已经晋升为少校了。"加西耶夫笑嘻嘻地说。两个同级军官友好地拥抱，加西耶夫憋了一连串的问题等不及要问加加林了。[2]

这里有一个高度纪录的问题。体育官员鲍里申科手里有一堆文件要加加林签署。有记载鲍里申科在 1978 年绘声绘色地描述自己"爬上落地的太空舱，旁边是满脸笑容的加加林"。这件事不大像是真的，因为太空舱和加加林隔了至少 2 公里。鲍里申科更可能是在加加林的落地点和他见的面，或者是在斯梅尔科夫卡郊外，那里直升机早已驻停待命，要接加加林去附近的恩格斯空军基地。加加林落地不久，就在鲍里申科满是灰色谎言的文件上欣然签字。[3]

在直升机上，加加林礼貌而热情地回答了陪同军官抛来的各种问题。地球是什么样的？失重是什么感觉？他很快意识到不管走到哪里，问题都是惊人的相似。据格洛瓦诺夫说，有一刻他迟疑了半晌，说："我没有在舷窗里看到月亮……但没关系，下次我会看到。"说着又开心起来，回答了更多的问题。

这一天保住了乌纱的斯图琴科将军在恩格斯市迎接了加加林，对这位星空访客提出更为棘手的社交难题。这一情景由格洛瓦诺夫见证。"尤里·阿列克谢维奇，在解放格扎茨克的战争中我是唯一的指挥官，你一定还记得我吧？"

"我不记得了。"这真是个蹩脚的回答。斯图琴科的神色一下子像个铩羽的凤凰，加加林脑子转得够快，说："我是说，我不记得您的样貌，但我记得是有个指挥官。没想到就是您，真是太好了！您一定是我的庇护人，第一次您把我从纳粹手里拯救出来，这一次您迎接我从太空归来！"[4]

这个回答令斯图琴科大为满意，他接着说："我准备派一架飞机去莫斯科接上你妻子，你看如何？这样你们就可以一起飞回家了。"

这又是个尴尬的问题。该如何拒绝这个来自上级——一位将军的提议呢？加加林答道："非常感谢您为我考虑，将军同志。但此事恐怕不能成行，因为瓦娅这时要照顾我们刚出生的小女儿。"

斯图琴科陪着加加林步入空军基地。这里他可以和家人通话，并报告第一书记他成功降落的消息。加加林小心翼翼，深知此时他的一字一句都将载入史册。[5]

"很高兴听到你的声音，加加林·阿列克谢维奇。"

"尼基塔·谢尔盖耶维奇,我很高兴向您报告,第一次太空飞行任务已经成功完成。"

赫鲁晓夫继续拿着官方口吻讲了几句,实在憋不住想问几个问题:"快告诉我,飞行中是什么感觉? 太空是什么样的?"

"我感觉很好。我从很远的距离看到了地球。看到海洋、山峦、大城市、河流和森林。"

赫鲁晓夫这时心情变得非常好:"我们要和全苏联人民一同欢庆。让全世界看看我们的国家能做到什么,看看我们伟大的人民和科技能够做到什么。"

加加林尽责地回应了赫鲁晓夫的高调:"就让别的国家试试超过我们吧!"

据赫鲁晓夫高级顾问费奥多·博拉茨基说,赫鲁晓夫被加加林回答中炽热的欢快情绪深深打动了。他真心盼望着两天后在莫斯科盛大的公开庆典上与这个年轻人会面。

"谢谢,尼基塔·谢尔盖耶维奇。"加加林说,"谢谢对我的信任,我向您保证,愿意为祖国执行更多的任务。"

他心里想着的是月球,或许。毕竟在上天之前,科罗廖夫塞给他了一个登月纪念章,并说有朝一日他应该自己上去捡一个。

在恩格斯市的停留仅仅是暂行休息,一边打着必需的电话,一边换乘更大的飞机——他登上一架伊留申-14前往古比雪夫(今天叫萨马拉),另一座伏尔加河上的大城市,位于萨拉托夫东北350公里。在那里他将停留一天左右,在4月14日前往莫斯科。

加加林升空后一个小时,季托夫、加莱和卡马宁等人跟随一大队拜科努尔的代表乘坐一架安托诺夫-12飞向古比雪夫。科罗廖夫的缺席也算是扎眼。他需要留守监控从各处监听站、监听船发回的消息,这对于"东方号"最后阶段的飞行和降落至关重要。他和伊万诺夫斯基稍后飞到了萨拉托夫指导回收大球。

　　季托夫的心情可谓别扭,不妨说有些愠怒。"我们降落在古比雪夫空军基地,那里也是制造民航飞机的大工厂。尤拉后来坐伊留申-14到了。他被将军们簇拥着,我还是个小小的上尉。但我也很有兴趣知道:太空里的失重是个什么感觉?看尤拉走下舷梯,我扒开两旁的人群迎他而去。周围人都看着我,说这个粗鲁的上尉是谁。他们都不认识我们这些身份绝密的宇航员。我终于靠近了尤拉,问他:'失重感觉如何?'他说:'还好。'这就是他从太空回来我们的第一次见面。"

　　机场周围的铁丝网被看热闹的人压弯了腰,人们直觉出这里的不同寻常。当加加林乘车离开机场,在警用摩托开道引领下穿过古比雪夫的主要街道,人群都沸腾了。"人群中扔出了一辆自行车,想要让尤拉停下来和大家打招呼。轿车及时躲让才避免了车祸,"当时坐在后一辆车中的季托夫回忆说,"我不记得自行车是不是有事了,但大家想见到他的心情是无可置疑的。"

　　古比雪夫郊外伏尔加河畔,一座特殊的别墅已为加加林备好。他可以在这里接受体检,并在4月14日飞去莫斯科之前有一天的时间休息。奥列格·伊万诺夫斯基还记得他就是在那栋别墅见到了加加林,给了他一个拥抱。"我问他:'感觉如何?'他回答:'你感觉如何?在发射架上你打开舱门的时候真该照照镜子,彩虹的每一种颜色都在你脸上!'每个人都对他趋之若鹜,但我可还有脑子。我给了他一张当天早上的报纸,让他在头版他戴头盔的照片旁给我写了一句话。所有和'东方号'有关的人都蜂拥而至,问他各个设备用得如何。"

加加林仍然找到时间洗了个澡,在伏尔加河畔散了散步,吃了饭,全程友好地应对了数不完的来访者。在一个新闻发布预备会上,他讲述了太空中地球的样子:"晨晓的半球清晰得一览无余——大陆边缘的海岸、岛屿、博大的河流、广阔的海面。我第一次亲眼看到球形的地球。我必须说,地平线太美了。"接着他描绘了在地球轨道上观察到的日落,以及旁侧精致无匹的大气层。"你能看到一条分界线由光亮到黑暗的五彩变化,就像笼罩在球体表面的一层薄膜。它是朦胧的蓝色,过渡带渐变非常柔和。当我从地球的阴影中探头出来时,地平线上重叠着一条亮橙色的光带,渐渐变为蓝色,最后成了深不可测的漆黑。"[6]

一些记者(甚至一部分宇航员)表示很难想象出加加林对 90 分钟太空之旅(除去升空和返程时间,"东方号"在轨道停留的标准时间)看到的日出日落景观美轮美奂的描述。很多人更是很难理解他嘴里"地球的阴影"到底是什么。如今人们习以为常的宇宙飞行在 1961 年简直奇诡莫测。

当晚,当最亲密的同事都告辞回家,加加林和第二号宇航员——礼貌但疏远的盖尔曼·季托夫打起了台球,双双无话。

"我始终感到醋意难消，直到现在。"季托夫说，"我性子火爆。我可以动辄对人恶语相向然后拂袖而去，但尤里·阿列克谢维奇和所有人都能谈笑风生，少先队员、工人、科学家、农民等等等等。他说对方能懂的语言，你发现没有？我嫉妒这一点。"但他们俩互相尊重，如果说不是互相喜欢的话。他们打着台球，盖尔曼全神贯注地听加加林讲着太空飞行的事。取得了铭刻史册的巨大成功，第二号宇航员有理由相信自己上太空的日子也屈指可待了。"东方号"的成功证明了科罗廖夫的"小七"在经历了不稳定的"青春期"后已经可堪重任。不过，别墅的台球室还是不够私密，加加林没法深入讲述设备舱分离故障这样的细节，这成为了季托夫以后亲身体验的不快。他不记得当年加加林提前提醒过自己。

一个有毅力的记者抓拍到了加加林在昏暗的台球室灯光下的照片。"这就够了。"季托夫说。

可这远远不够。

第二天，科罗廖夫、卡马宁和凯尔迪什等国家特别委员会的成员造访别墅，并听取了加加林对飞行的报告。紧闭的门后加加林对返回时的问题细节直言不讳。但直到今天，对于为什么在 8 月 6 日季托夫上天之前没有解决这个问题，并没有清晰的解释。或许作出了调整，但并未奏效。大球底部设备舱的数据线插在大球的一个圆形接线板上，共 17 个插头，每个插头又含数个小插头，一共是 80 个电路连接。要断开如此复杂的连接不是件轻松的事。类似的基础性技术难题像恶犬一般追咬着俄国人的早期太空实践。[7]

太空舱分离问题也困扰着美国航空航天局的工程师们。和俄国人一样，美国人也用大把的电缆连通设备舱和太空舱。有一点不同的是，如果出现断开障碍，美国人会靠一个爆炸螺栓控制的刀口切断电缆，如果一个失效则还有一个备用。软线也比大股的电缆容易摆脱。这一次，超凡的科罗廖夫却没能想到这个办法。

4月14日清晨，加加林飞赴莫斯科。他爬上巨大的伊留申-18的舷梯，这架飞机有能力作远途飞行。在接下来的几个星期，他不再把这艘飞机看作是一架巨型机械，而带着困意的幽默说这是他的"家"。

飞行中的大部分时间他都在记者滔滔不绝的问题中度过。祝贺的讯息通过驾驶舱的无线电频频传来，机组人员轮班来到乘客舱报告这些消息。4个小时的稳定飞行后，飞机抵达了目的地，加加林这才得空望望窗外。他看到旧日时光从天空掠过，千头万绪的新生活在地面上等着他：

> 我们在一群战斗机中队的陪护下飞向莫斯科。它们中间有可爱的米格，和我曾经飞过的那架一样。它们飞得很近，我都能看清飞行员的脸。他们灿烂地笑着，我也冲他们笑。之后我向下望去，惊讶地倒抽一口气。莫斯科的街道满是人流，人群像水流一样挤满了各条街道，他们舞动着船

帆一样的红色横幅向克里姆林宫进发。[8]

伊留申降落在伏努科沃机场比预计的时间要早。加加林在机上坐了几分钟,直到时钟到达仪式预定的开始时间。他欣喜而又紧张。

在莫斯科地面,瓦连金、鲍里斯、卓娅和阿列克谢早就接上了安娜,与赫鲁晓夫、妮娜夫妇见了面。卓娅回忆了许多第一书记夫妇殷勤接待的细节。"他很单纯,平易近人地接待我们,他夫人大部分时间都和我们在一起。我们在莫斯科待了 4 天,妮娜每天早上就来找我们,下午才走。和他们在一起非常轻松愉快。"

第一个正式仪式在机场举行。"14 日我们被带去伏努科沃机场和尤拉见面。我们刚到就看见一架飞机在战斗机的护航下降落,他们说那就是尤拉的飞机。但落地之后他总也不出来,我们开始担心是不是出什么事了。妮娜说,别担心,飞机比预定时间早到了,时间一到你们的尤拉就出来。真的,几分钟以后,他走出机舱。"

飞机前铺上了红毯(妮娜告诉瓦连金,"一般情况只铺蓝色的")。尤里阔步走下舷梯,迈上红毯。穿着崭新少校军服和大衣的他俨然已是英雄的派头,但是卓娅突然发现了一件可怕的事。"我看见他走路时脚后拖着什么。仔细一看,是他一只鞋的鞋带!"加加林自己也发现了。他一边走着所有仪式上那种礼节性的冗长步伐,一边祈祷着千万不能被鞋带绊倒。他后来告诉瓦连金,他走红毯的时候比在太空里还要揪心,所幸没有出丑。顺便一提,鞋带事件被记录在案,在今天很多纪录片中都能看到。宇航员的专职摄影师苏沃洛夫在日记中记录了后来没完没了的是否要删除这一镜头的讨论。最终在加加林的竭力坚持下,这一镜头得以保存,从而保存了加加林可爱、人性的一面。这一失误反而具有了特殊的宣传效果。[9]

微笑着、踏着笃定的脚步,加加林完好无损地走上了满是鲜花的平台,与赫鲁晓夫和其他党内高官相见,然后拥抱了家人,瓦娅排着队等着丈夫的拥抱和亲吻。阿列克谢和安娜就穿着平时的农装,显得有些修饰的寒酸。他们本可以穿得更得体一些,但赫鲁晓夫极力让他们以贫苦农民的形象示人。安娜流下了骄傲的眼泪,加加林知道在这段日子她是如何备受担惊受怕的煎熬。他抱着母亲,用手绢替她擦去眼泪,用哄小孩儿的口气说着:"别哭了妈妈。我再也不这样了。"

机场的仪式简单扼要,更重大的庆典仪式马上在莫斯科的中心举行。加加林和赫鲁晓夫登上一辆黑色吉尔轿车驶往红场。卓娅觉得她这个有名的弟弟看起来除了更加疲惫,背负了更多压力,其实和以前真是没什么两样呢。

从那天起,加加林就获得了一项特权,他有了一位私人司机——费奥多·蒂姆楚克。他挑选了一辆伏尔加-21轿车,装配三个当时最流行的雾灯。从此,这辆伏尔加就永久地配给了加加林少校。

科罗廖夫却没有受到如此优待。他也在伏努科沃机场迎接了加加林，但这位总设计师却只站在主要迎接队伍旁边的位置。赫鲁晓夫也没有特意感谢他的任何表现。他没有获赠全新伏尔加，他自己从某外国使馆买了一辆柴卡轿车，这样他才能以符合身份的姿态前往伏努科沃，虽然没人要让他高调亮相。当然了，他是国家机密。他不能被提起，更不必说公开亮相，也不许佩戴勋章出席。尤以为甚的是，他的二手柴卡在去莫斯科的半路上风扇皮带断了，他只得搭了一辆便车前往红场。在出席人类首次成功载人太空飞行庆典的长名单上，包括了科学家、士兵、学者、政治家等等人物，没有科罗廖夫。如今，他的同事谢尔盖·贝罗茨科夫斯基说："科罗廖夫的待遇不公平，尤拉也对此耿耿于怀。诺贝尔奖评审委员会问他们是否可以把奖颁给人类第一颗卫星的创造者和把第一个人类送上太空的人，当局没有回话。直到今天，这种不公平的待遇还没有修正。"

红场。加加林和家人同以赫鲁晓夫为首的党内领导人站在了苏共传统的象征权力的平台——列宁墓顶的阅兵台上。头顶上，无数直升机把传单撒向各个主干道上空。红军威严沉重的步点落在广场，旁边更大的空间留给了欢呼的游行队伍。古姆百货商场外墙被巨大的列宁像遮挡，上面一条标语写道："向着共产主义胜利前进！"在这一天，胜利似乎近在咫尺。

让我们记住这一天的荣耀需要的是陈述当天的实际景况，而非那些夸张的宣传之词。苏联把人送上了太空。赫鲁晓夫的高级顾问和秘书费奥多·博拉茨基记得："我当时哭了，很多街上的人都因为震撼而流下眼泪——幸福的震撼。首先是因为有人能够翱翔于天堂,那是上帝的国度啊,而最重要的是,这个人是俄国人。狂喜而庆的心情完全是自发的。一般来说,在斯大林时代,或者就是赫鲁晓夫时代,集体情绪很大程度上是煽动的,但这一次绝对不是。这次可以说九成的苏联人是自发的高兴。"

季托夫和其他宇航员穿着便装也出席了庆典。他们没有出现在列宁墓顶,而就在地面上。"我看见海洋一样的人们,叫喊着的、喧闹着的、微笑着的人群。他们把小孩儿举过头顶、放在肩上。尤拉和政府官员一并站在墓顶。"季托夫说,"看他站在那里有一种奇异的感觉。我一瞬间意识到这件事的重要性,它为什么能打动这么多人。所有人都很开心,全世界都很开心,因为人能上太空了。这太了不起了。"

加加林在阅兵台上发言。人们已经习以为常这类场合的发言,但这次加加林加进了自己的激情和挚诚,让一切关于共产主义、祖国和党的陈词滥调在这一刻熠熠生光。加加林在最后总结道:"我想特别提及尼基塔·谢尔盖耶维奇·赫鲁晓夫对我们苏联人民如父亲一般的爱……你在我降落后几分钟就第一个发来热烈的祝贺……尼基塔·谢尔盖耶维奇·赫鲁晓夫领导的苏联共产党无限荣光!"

唯恐政敌窥见自己任何弱势,赫鲁晓夫夸耀着他和今日巨大成功的密切联系。加加林表达感激之情的讲话——圆滑而不失真挚,特别是对着成千上万的狂热大众——正中第一书记下怀。从这一刻起,年轻的宇航员即成为他钟爱的政治伙伴。拭去骄傲和愉悦的泪水，赫鲁晓夫反复拥抱了加加林，随即作了有力的发言，其间多次被长久而热烈的掌声打断。

不得不相信，在 1961 年 4 月 14 日这一天，大部分苏联人自信高涨，因为赫鲁晓夫明白如何以激情奔放的表演来赢得民众的忠诚。至少这一刻，浸透着鲜血的社会主义革命事业似乎在他乐观的领导下展翅高飞了。约瑟夫·斯大林靠死亡的痛苦向苏联人灌输着服从的概念，但赫鲁晓夫热切地希望非强制性地建立自己的影响力。在获得权力之初，他冒着极端的危险谴责斯大林的残酷。那是一次政治赌博，不少党内还握有权力的前朝老臣不愿意听他指责他们在斯大林时代的犬马之力是犯下了滔天的错误。但是今天，加加林震惊世界的成就让赫鲁晓夫的治国方略变得无可辩驳。[10]

这位带给赫鲁晓夫光彩成就的年轻人当然可以获得第一书记的感激和在今后几年的热情帮助。但不幸的是，把赫鲁晓夫当作朋友也意味着和他的对手确立了敌人关系。当赫鲁晓夫的助手列昂尼德·伊里奇·勃列日涅夫在伏努科沃机场以及列宁墓顶对加加林表示祝贺的时候，态度的真诚和对同志的热情与旁人无异，但他的肢体语言——纪录片保存了当时的情景——却暴露了他热情背后的冷淡。1964 年 10 月，他对这位第一宇航员的尊敬连同赫鲁晓夫的权力一起烟消云散。

在克里姆林宫格鲁吉耶夫斯基厅举行了庆祝晚宴。本来的安排是有一个午宴，但红场的庆祝足足持续了 6 个小时。人群的热情和骄傲看上去可以无穷无尽地燃烧下去，赫鲁晓夫也终于让这一天尽情地焕发了荣光。

在晚宴上，腹内空空、两腿酸麻的瓦连金狂餐豪饮。"一个巨大的圆桌，全是熟食。尤拉得到了金星勋章和列宁勋章。最后祝福他的是一些神父。他们中的一个问：'尤里·阿列克谢维奇，你在天上见到耶稣基督了吗？'他说：'神父，你应该比我清楚啊。'"

瓦连金满意地发现到处都是美味的伏特加。"每个人旁边都有一瓶斯托里奇纳亚伏特加，不是新酿的，而是你喝了一口还想第二口的那种。还有科涅克、红酒和三个酒杯。我不知道该拿哪一杯，所以我学着神父，他拿中间那杯我也拿中间那杯。我酒劲儿上来的时候，我问：'这里允许非党员喝多少啊？'所有人都安静下来。我一下意识到自己的失态。神父回答：'你说得对，瓦连金·阿列克谢维奇，这样的日子党员该比非党员多喝双倍的！'所有人都笑起来，紧张就解除了。"

瓦连金又喝了一杯，完全从尴尬中解放了出来。他顽皮地看着那些从南方共和国来的穆斯林代表。"你知道，他们都醉了，实际上他们是要禁酒的，不是吗？主要是这里的酒不要钱。他们玩得很开心，还有南斯拉夫人、波兰人也喝得高兴。有些人被抬出去塞进车里。"

不幸的是，取食物比拿酒喝困难多了。"那里没有服务员。所以这就有点儿像共产主义了，你能闻到、能看到，就是摸不到、吃不到。赫鲁晓夫不是常叫嚣吗：真正的普遍的共产主义就在地平线上了。"

充满胜利喜悦的赫鲁晓夫这时习惯性地捶起了桌子。宇航员阿列克谢·列昂诺夫回忆当时一片乐观主义情绪："他宣布我们这一代人就将生活在真正的共产主义里。我们所有人互相拥抱、鼓掌、大叫'万岁'。我们也真的信他,因为这时我们国家明显地成功于世界。只有后来,当我们长大,了解了一些经济现实以后,我们才知道,这时赫鲁晓夫的宣告确实为时过早。"

*　　　*　　　*

4月末,加加林开始了他冗长而疲惫的出国访问之旅。目的国包括苏联"民主"的社会主义卫星国,比如捷克斯洛伐克、保加利亚,还有芬兰。1961年6月他回到莫斯科开始休假,和瓦娅以及孩子们待在一起,虽然这段必要的家庭团聚经常性地被记者的访问打断。司机费奥多·蒂姆楚克载着他四处接受采访。印度作家赫瓦贾·阿赫迈德·阿巴斯对加加林有如下的观察:

> 他被普遍称赞为时下的风云人物,但我和他的当面交谈却有着一个"反高潮"的开头。门开了,进来了现在世界上被报道最多的人,但我差点没认出他来。甚至直到握手时我都不确定,眼前这个有些结实的年轻人真是那个航天史上的超级英雄吗?他当时穿着一身漂亮的制服,即便如此,看上去也更像是一个事先进来通报英雄到来的下级公

务员。[11]

　　并不意外的是,加加林的魅力很快接管了场面,阿巴斯也越来越表现出赞赏的态度。这个记者开始有些小失望,但第一宇航员的质朴和平凡为他起到了至关重要的作用。如果赫鲁晓夫和他的智囊希望由一个超级英雄式的人物来代表苏联航天,那他们肯定不会选加加林。

　　英国记者威尔弗雷德·布切特和安东尼·佩尔蒂6月9日在莫斯科外国通讯员俱乐部见到了加加林,也为他的热情、有力的握手以及自信的谈吐所感染。他们告诉他,他们正在写一本关于他的书。加加林恭维道,如果他们不想写作了,"下一位宇航员就会是个作家"。

　　他们很快聊到了美国航空航天局,他们在5月5日做了第一次15分钟的近地轨道飞行,由宇航员阿兰·谢泼德驾驶。加加林温和中不失尖锐地开起了"水星计划"的玩笑。布切特和佩尔蒂认为美国的太空舱加装了更为精密的方向操纵、推进器和导航系统,这样谢泼德能够在相当程度上真正地"驾驶"太空舱,这和"东方号"不一样。这是事实。但加加林逃避了这个事实,把注意力投向了水星号过短的太空飞行时间上。"在短短5分钟你能驾驶什么?"他质疑道,"并且手动操纵的意义是什么呢?如果我想,我就能为'东方号'导航。我们有两套操作系统,但手动操纵的意义不大。"这就像是对一个驾驶员说他的基本技能没有什么要紧一样。但当时当地,加加林也不可能作出不同于此的应对。[12]

两个记者换了个进攻方向,说"水星号"的舱载设备要优于"东方号"。这其实也是实情。加加林回敬道:"很难比较两者。'东方号'大,所以推进器要好得多,所以我们飞得更高、更快、更久。"

布切特和佩尔蒂又问加加林在飞行中什么时候是最难过的。"是返程的时候,"加加林不假思索地说——但很快用几秒钟整理了思路,掩盖了话锋,"'难过'都是相对而言。全程其实没有一段时间是特别糟糕的。所有设备都工作正常,没有问题。像走路一样轻松。"

并不奇怪,两个记者丢掉了这个线索。英国研究俄国航天史的专家菲尔·克拉克说,如果"东方号"的返程分离障碍要在1961年就曝出的话,那将是个大新闻,但加加林机警地审查着自己的每一句话。

最为敏感的话题其实是加加林的降落方式。莫斯科庆典之后,加加林就在外国记者的穷追猛打下被迫澄清事实。4月17日的伦敦《泰晤士报》记者写道:

> 降落方式的细节还是没有透露。被直截了当地问及这个问题,加加林少校比他回答其他问题时更为犹豫。他避开锋芒的回答是:"我国试验过很多种降落方式。其中包括降落伞降落。在这次飞行中,我们采用的是让宇航员待在舱内的方式。"本文所配照片不能反映太空舱的内部结构。

体育官员伊万·鲍里申科于 1961 年 7 月飞赴巴黎,向国际航空会解释"东方号"的降落纪录问题。国际航空会主席直接问道:"飞行员返程时在什么地方? 是在太空舱内吗?"鲍里申科大言不惭地说:"你去问问美国人相不相信加加林创造的这项纪录! 全世界所有人都相信加加林的飞行是真实的。"[13]

争论持续了几个小时。最终国际航空会认输,不再向苏联索要清楚的证据。从此,鲍里申科可以挥舞着国际航空会的证书向所有质疑者"证明":加加林确实驾驶着飞船着陆,并创造了世界纪录。

1961 年 7 月 11 日,加加林一行飞赴伦敦。左翼伦敦报纸《每日镜报》欢呼他的到来,并批评官方没有像样的接待。当时的保守党政府正受到现代化的冲击,已经摇摇欲坠。今天重读这篇报道,似乎可以读出一些山雨欲来的征兆:

加加林是个勇者。他是历史上最伟大科技的代言人。昨天,在连续两天道貌岸然地讨论正确的程序之后,政府终于作出了他们该如何迎接这位人类英雄的方案。那么,该由谁代表全英国人民去迎接他呢? 不是首相麦克米伦先生。不是外交大臣赫姆勋爵。不是科技部长海尔什勋爵。在这个特殊场合,不列颠的发言人将是一位不知名的公务员,弗朗西斯·费伦·特布尔,大英帝国勋章获得者,五十六岁。理由是——加加林不是国家领导人。

哈罗德·麦克米伦最终还是会见了加加林(不是在机场),并把他形容为"一个快乐的家伙"。加加林的英国之行大部分赞助来源于铸造工工会,而不是英国政府。英国民众非常欢迎他。《泰晤士报》报道,他"受到近乎歇斯底里的欢迎。欢迎队伍排列在从机场进入城区的每一处街道"。他在车队的簇拥下来到伦敦西区的伯爵院展览中心,为学生们演讲,接着召开2000多名世界各地记者参加的新闻发布会。突然间政府就改变了态度,他被海军部召见,被空军部召见,被皇家学会召见,最后去白金汉宫同女王会面。加加林官方陪同记者格洛瓦诺夫说,同女王见面的时间已经超出了加加林的计划,这让人不得不产生怀疑这一安排是临时增加的。7月12日的《泰晤士报》说"由于皇室的邀请,加加林少校将于星期六回国,而不是原定的星期五"。

　　在7月15日的便餐过程中,女王尽显和蔼慈祥之态,特别是当加加林遭遇到所有初次拜访皇室的来访者的问题之时:如何使用那么多的刀叉。格洛瓦诺夫回忆当时的情景:"他笑着说:'殿下,您知道这是我第一次和女王一起共进早餐,我不知道该用哪把刀叉。'女王没有犹豫,回答道:'你知道,我出生在这里,但我至今也闹不明白。'这句话以后,会面就变得非常真诚而轻松。"

　　女王问加加林所有人因为好奇都会问的各种问题。他有句话说得很老练:"您是不是把我当成别人了?我相信您的皇家空军里有非常多的和我一样的飞行员。"总之,第一宇航员是苏联外交的一笔超级财富。但就像他自己有一次偷偷向格洛瓦诺夫吐露的那样，尽力扮演一个完美的外交家的游戏已经让他厌倦。"许多文章都在写那次飞行，每个人都在写我。这让我不舒服，因为他们都把我塑造成一个超级英雄。我其实和所有人一样也要犯错，也有弱点，他们不能理想化一个人。让我看上去像个优秀的、阳光的小男孩模样，这让我尴尬。够了，我恶心了。"

当他厌倦了新闻发布会上的吹捧，加加林找到了一个办法。他会提醒听众，他的苏联英雄勋章编号是 11175。"意思是还有 11174 个和我一样的人，在我之前完成了同样重要的成就。我不同意把人分为普通人和名人。我就是个普通人，从来没变。"（有一次在莫斯科，他听到人群中一个妇女说："天哪，你看！他刮胡子时居然刮伤了脸！"他哈哈大笑。）

8 月 5 日，应金融家赛鲁斯·伊顿之邀，加加林一行抵达加拿大。从哈利法克斯他们跋涉 200 多公里来到新斯科舍的帕格沃什，这里有一处伊顿的地产。1957 年就是在这栋别墅里，伊顿和哲学家伯特兰·罗素召开了"帕格沃什会议"，要求核裁军。莫斯科对接到如此邀请非常高兴，但伊顿的明星客人加加林在访问中很快就走了神。8 月 8 日晚他得知季托夫已经身在地球轨道上，他忙问能不能发个贺电给他。卡马宁立马给他办好了这件事——在第 6 圈飞行的时候，季托夫收到了地面传来的加加林的信息。伊顿随即缩短了活动的安排，加加林一行才立即回到了莫斯科。他们感觉自己被排除在了重大的进程之外。卡马宁说："我们四处演讲，美国人却在准备飞船。我们得抓紧时间了。"

　　加加林的巡回访问在三个星期内再次启动。8月24日他抵达古巴做政治宣示式的访问,这将表明苏联和刚刚两年的菲德尔·卡斯特罗政权有着亲密无间的关系。加加林穿着白色夏季制服和卡马宁一同走下飞机,投入古巴的热浪之中。卡斯特罗的助手高兴地告诉加加林:"'大胡子'打败了敌人。"加加林一如既往不假思索地给出了标准答复:"对正义事业有着信仰的人是不可能屈服的。"在群众集会上,他又宣布:"全体两亿两千万苏联人民是古巴真正的朋友!"[14]

　　或许在1967年,加加林生命的最后岁月里,他在赞美苏联政权之前会有迟疑,发表胜利宣言的时候也不会像今天这样激情澎湃。

第八章　太空竞赛

尤里·加加林的短途太空旅行是 20 世纪的大事,此话不单对俄国人,更是对美国人而言。后者以工业结构的大调整作为对此事件的回应。太空竞赛的成果绝非仅仅是尼龙搭扣和不粘锅,而是整个现代技术体系。芯片被发明,因为 20 世纪 50 年代的集成电路体积太大而装不进火箭和导弹;因特网由高级研究计划署(ARPA,早于美国航空航天局的规划航天计划的政府部门)的防攻击通讯网脱胎而成;数不胜数的现代医学诊疗技术得益于航空医生的研究;长久以来只是个梦想的全球通讯产业在人造卫星的出现后得到了加速发展。或许这些技术最终都能自然生长于人类的技术园地,但可以肯定的是,没有美苏太空竞赛,它们绝不会长得这样迅速。所有这一切都源于一个来自斯摩棱斯克的农民孩子给全球最强国家提出的挑战。

领导位于华盛顿特区太空政策研究所的罗格斯顿博士做过多任总统的顾问。关于加加林进入太空对美国人心理的冲击,他说:"突然之间,我们和苏联的均势被打破了,因为这次明白无误的宣示。如果他们愿意,他们可以跨越大洲发射核弹头,正中美国要塞的心脏。当时马上展开了大讨论:我们是怎么被一个本该落后的国家打败的?"

　　肯尼迪总统一直以来没对航空事业正眼相看,但4月14日看到全球对加加林飞行的反馈,他被深深刺伤了。他在白宫的办公室里来回踱步,问顾问团:"我们该怎么办? 怎么才能扳回一局?"肯尼迪的科学顾问杰罗姆·维斯纳谨慎地提议用3个月搞一个评估报告,而总统却急不可耐。"但愿有人能告诉我怎么才能追上他们。我们一定要找到这个人——我不管他是谁,锅炉工也行,只要他告诉我怎么办。"他故意在《生活》杂志高级记者休·塞迪听力所及处发表了这番讲话。突然间,总统想要变成太空计划的代言人了。[1]

　　3天后,肯尼迪再次遭受更为严重的打击。1300人的古巴流亡者武装在中情局的支持下登陆古巴"猪湾",企图推翻卡斯特罗的共产主义政权。肯尼迪授意通过此计划,但卡斯特罗的部队早已得到情报并在海滩守株待兔。中情局许诺的支援迟迟未至,导致入侵完全失败。他们万万没有想到,"被统治"的古巴人民没有丝毫意愿要参加到这场推翻卡斯特罗的政变之中。颜面不保的中情局更无心气再去救援这些入侵者。

　　肯尼迪政府在组建的头100天里跌跌撞撞,而这段时间本应是新总统初试身手的蜜月期。突然间,肯尼迪抓住了太空计划这根重整声望的稻草。在4月20日的具有转折点意义的备忘录中,他示意副总统林登·约翰逊准备一份美国火箭计划的全面调查:[2]

1. 我们是否有机会在太空建立实验室，或绕月飞行，或宇航员登月并返回，以此打击苏联人？还有没有其他能造成戏剧性效果的太空项目促使我们取胜？

2. 此计划的成本几何？

3. 在既定计划上，我们是否能够每天工作 24 小时？如果不能，有何其他提高速率的建议？

4. 为了制造大型推进器，是否可以使用核能、化学燃料、液体燃料或混合型燃料？

5. 我们是否要尽一切力量来完成？是否能达到预想的效果？

在这张单页文件上我们读到的是 20 世纪最为感性化的官方指令，同时也是白宫对于这糟糕一周惊慌失措的口头式的应对。但不可否认，这张纸为战时制造原子弹的"曼哈顿计划"以来最为庞大的科学计划——"阿波罗登月计划"奠定了基础。

航空航天局的主要负责人詹姆斯·韦伯相信苏联人无疑将在肯尼迪著名备忘录勾勒出的短期目标上打败美国人，比如轨道交会、简单的太空站等等，但他建议把登月作为一项长期计划，在这项需要投入巨大资源和技术支持的计划中苏联人才可能力有不逮。韦伯说服肯尼迪和约翰逊采纳这项长期计划，因为火箭统治者的短期角逐，美国已经输了。[3]

最终决定随着航空航天局载人航天计划的实施而扬帆起

航。5月5日,仅仅在加加林飞行23天之后,美国宇航员阿兰·谢泼德被一枚红石火箭送上太空。他的飞行不足一圈地球轨道,只是15分钟的一段抛物线。对比"东方号"25000千米/小时的轨道速度,谢泼德的"水星号"只有8300千米/小时。在"东方号"还在绕地飞行之时,"水星号"已经坠入了大西洋,仅距发射点510千米。但此次堪比炮弹发射的飞行足以证明美国人的基本能力。

韦伯乘着谢泼德成功上天的东风提高了航空航天局的地位。局里的财务顾问建议他把登月计划的预算尽可能压低,以此获得总统的批准,但韦伯不同意。相反,他开了个美国公务人员历史上最为雄壮的狮子大口,把预算翻了一番,一本正经地递交给肯尼迪。预算金额是8年200亿美元——那时只是20世纪60年代。

肯尼迪吃了一惊,但还是同意了阿波罗计划。在1961年5月25日那次具有历史意义的国会讲话中他说:"我相信,在这个10年结束前,我国将致力于把人送上月球并安全返回。这个时代再没有任何太空计划更为激动人心,对长期的太空开发更具重要性,在技术上更为困难,在花费上更为巨大的了。"

韦伯和约翰逊——这两个精明的南方政治家便开始起草精密而影响深远的太空网络合同保证书、建设计划,以及给40个州通过阿波罗计划财政预算的政治优惠。4年之内,国家财政预算的5%将归航空航天局花费,并有西东两岸25万人供其调配。韦伯得意地把自己的要款方式称为"管理大师的讨价还价"。他的理念是：在探索太空的热情退去之前航空航天局只此一次机会把自己变成国民生活的重要组成部分。他确实高瞻远瞩，在肯尼迪之后 40 年，没有一任总统在太空计划上给过这么多的支持，花费过这么多的钞票。[4]

所有的不利局面皆因谢泼德落后加加林 23 天。约翰·罗格斯顿提出一个有意思的假设："5 月 5 日的飞行只比加加林晚三个星期，但这次飞行本在 3 月就该完成。可因为 1 月份'水星号'送了一只叫'汉姆'的猩猩上天，返程时出了问题。制动火箭点火迟了，导致汉姆偏离预定航向（达 210 公里）溅落海上，花了好几个小时才找到——顺便一说，这让它很不开心。技术故障其实很容易修复，但在送人上天之前需要再做试验，这导致了美国的落后。所以来了一个有意思的问题：如果加加林是第二呢？我相信历史会非常不一样。"

但加加林就是第一。并且，美国人如此反应也是不可避免，特别是遇上这样一位好胜的总统。罗格斯顿说："这不是一个苏联人的胜利，而是一个美国人的失败。我不认为这是肯尼迪出于舆论作出的回击，这是他个性的反击。他有强烈的取胜欲望，他是个争强好胜的人……没准儿他正在寻找时机做出血性的事展示领导力。"

《泰晤士报》记者雨果·扬在 1969 年也发现了类似的事：

> 肯尼迪的行为更像是一个遭遇失败的人作出的反击。加加林的成功无情地嘲弄着他在美国人民心中建立起的形

象。与其说他要为国家复仇，不如说他要为自己复仇。[5]

科学顾问杰罗姆·维斯纳决定接受现实，他也不明白为"阿波罗计划"破费烧钱的意义何在。他从肯尼迪那里逼得了一个保证以求心安："我告诉他至少他不要公开宣称是为了科学事业才进行登月，他确实做到了。"[6]

西方迅速沉迷于太空竞赛之中，宇航员盖尔曼·季托夫和他的朋友们却大惑不解。"他们说的竞争是什么？没有竞争，因为我们俄国人已经领跑全球了。"

赫鲁晓夫和政治局没有马上对肯尼迪的登月演说发表评论，但他催促科罗廖夫要在短期内再搞一些"奇观"出来，在美国人一发不可收拾之前彻底粉碎他们在太空方面的信心。长期来看，苏联经济很难给予与阿波罗计划巨额预算相匹敌的投入。不过，只要科罗廖夫的改进型 R-7 导弹载着"东方号"继续频传捷报，那么克里姆林宫给太空探索的财政支持就不会断粮。

其实，美国航空航天局也暂时用着改装过的导弹推进器，而非为进入太空定制。1961 年 7 月 21 日，宇航员维吉尔·"格斯"·格里松就乘坐由红石弹道导弹推进的"水星号"进入太空，做了一次高度为 190 千米的次轨道飞行。可这次飞行险些功亏一篑。返回舱海上溅落时摔飞了舱门，海水倒灌而入。格里松奋力爬出水舱，头盔已失，水灌进宇航服，深及脖颈。此时他惊讶地发现救援直升机从上方飞过，全然没有发现自己。飞行员只道格里松在海上漂浮,哪知他命在顷刻,只全神贯注打捞起返回舱来。注满海水的舱体太沉,有将直升机带入海中的危险。格里松最终获救,返回舱沉入大西洋底,没有任何打捞希望了。航空航天局低调处理了险些折损一名飞行员的消息,把此次任务渲染成了近乎完美的飞行。

8 月 6 日,季托夫搭载第二个"东方号"从拜科努尔起飞,绕地飞行 17 圈,共 24 小时。整个过程中手动驾驶了一小会儿。"我升空之后,我妻子(塔玛拉)就故意到林子里摘蘑菇去了。那是个星期天,她故意消失不见,免得记者问东问西。"季托夫在飞行中烦躁不安,暖气失灵导致他一直受冻,制动火箭在返回时也遇到了分离不畅的挑战,这让他萌生了"难道这就是我想要的吗"的念头。他在萨拉托夫上空的弹射以及着陆也险过剃头。"我乘着降落伞在铁轨旁边仅仅 50 米着陆,我真以为要撞到飞速驶来的火车上了。在离地 5 米的关头一阵风刮过才让我止住势头,着地后我打了几个滚。风势很大,降落伞把我在地上拖行了几米才停下,头盔上满是土。萨拉托夫的土地被农民们耙得很软,就是这样我都摔得不轻。"

火车嘎吱嘎吱地停下,一小群人跳出车厢向正没好气的季托夫围过来。"我对他们说:'你们看着干什么?快帮我脱下宇航服。我很累。'本来在应急包里应该有件干净的轻便外套,但和往常一样,有家伙又忘了装了。"

有个城市里的女人开车前来。她开得太快以致从返回舱的舱窗上碾过,急刹导致她头撞在了方向盘上。季托夫一边疑惑,一边从宇航应急包里给她拿出了绷带。

恶心、疲惫、青肿、一头雾水，季托夫就这样成为了第一个在太空里停留了一整天的人，第一个完成多轨道绕地飞行的人。或许他还能偷偷自豪这一次击败了加加林。萨拉托夫距离拜科努尔 1500 公里，这意味着加加林那次划时代的但并不完整的轨道飞行在距离上并不达标。季托夫是真正意义上完成一整圈轨道飞行的人。所有的航天史书籍都对加加林的"高度纪录"赘述不休，这一点却不为人知。

季托夫对他和加加林在喜怒无常的"东方号"上的历险看法坦然。"我不能说我当时已做好了一切准备，因为我们飞得不够多，没法训练我们面对这些故障，没人知道哪里会出毛病。尤里和我在（为'东方号'）总结《紧急情况手册》，我们尽量涵盖一切可能发生的紧急情况。但是，我告诉你，那本手册相当的薄。你开车一定知道，不知在哪儿就会爆了胎。运动中的机械出毛病很正常。"

季托夫着陆后一周，柏林墙开始修建。科罗廖夫的传记作者詹姆斯·哈福德说，赫鲁晓夫定下的季托夫飞行时间，其目的是激发民主德国对莫斯科的忠诚。[7]但是，在赫鲁晓夫和肯尼迪这一对关系中，其实并不纯然是东西方的挑战、对立。现在已经很清楚，这两位的确考虑过在太空领域携手合作。约翰·罗格斯顿研究这一课题多年，他说："肯尼迪对太空探索的态度在他宣布'阿波罗计划'之后还很矛盾。在他的就职演说中，他建议美国和苏联在太空领域共同开发。这不仅仅是说辞，他建起了一支顾问团队，要在此方面寻求合作……他通过弟弟鲍比①派出眼线去到克里姆林宫……我们现在已经发现，当时赫鲁晓夫已经就快要说：'好的，我们合作吧。'如果这两个人还在的话，历史会不同。结果，肯尼迪被林登·约翰逊接替，后者是个强烈的爱国主义者；赫鲁晓夫被勃列日涅夫驱逐，后者则是个黩武主义者……历史的因缘就是这样，事情的走势总是被旁枝截断，而不是它本该去到的方向。"

航空航天局计划使用"水星号"进行第三次轨道飞行以及更多的任务，并且，虚弱的红石火箭已有了超强的接替者——"阿特拉斯(Atlas，完完全全的洲际弹道导弹)"，它能载着太空舱做完整的轨道飞行，次轨道计划统统成了明日黄花。1962 年 2 月 20 日，约翰·格林完成 3 圈轨道飞行，美国人像俄国人对加加林一样对他报以热烈的赞赏。航空航天局还测试了一系列"土星"登月火箭模型。必须要承认，它们比真正送阿波罗舱登陆月球的"土星"要小一半，但要说超过科罗廖夫的 R-7，仅是一步之差。

科罗廖夫焦急地研制着"东方号"的下一代型号，这让它在功能上有所限制，但赫鲁晓夫则急需数周或数月之间就有更大的胜利消息，而非以年计算。1962 年 8 月 11 日，阿德里安·尼古拉耶夫被发射做 4 天的太空飞行，紧接着第二天，帕维尔·波波维奇上天，飞行 3 天。这是首次两个宇航员同时待在太空里。

---

① 指罗伯特·肯尼迪，鲍比是罗伯特的昵称。

科罗廖夫掐着表发射的第二颗"东方号",使两艘太空舱距离大约是 7 公里。这是个太空里的飞碟射击游戏,好让苏联人宣称他们完成了一次"太空交会"。事实上,这两艘太空舱相遇便很快飘走分离,并且也不可能再次相会。但表面功夫已然起了大作用。一批西方的航空专家都错误地认为苏联已经开发出了真正的太空交会技术。1995 年时,瓦西里·米辛(接替科罗廖夫统领第一特别制造局)接受航天史学者詹姆斯·哈福德采访时说:"我们没有透露全部的真相……这只是一种表达技巧,算不上欺骗。这更多的是我们的西方竞争者自己欺骗了自己。当然我们也不会澄清他们的想象是错误的。"

双舱飞行任务看起来比美国人领先不少。航空航天局 5 月 24 日发射了斯科特·卡朋特上天,虽然苏联人太空领域的独创性无可撼动,但不得不承认美国此时已是"第二优秀"的国家。双舱飞行后,航空航天局马上以"不变应万变"的方式在 10 月 3 日发射了沃尔特·席拉,飞行时间 9 小时。

几天后,美国间谍飞机在古巴发现苏联的秘密导弹基地,在那个弥漫着恐怖气氛的 1962 年,公众注意力陡然从太空领域转移到了近在眼前的全球核大战危机,一些晦暗不明的远景突然变成了随时可能爆发的恐怖灾难。肯尼迪马上下令封锁苏联到古巴的海上航运。比起另外两种选择——美国大举进攻古巴和空袭导弹基地,封锁海运是数个极其冒险的应对中最不危险的一个。就目前解密的白宫会议录音带来看,肯尼迪和幕僚们 10 月 23 日的夜晚,是抱着不知能否见到明天的忧虑惶惶而眠的。

肯尼迪和赫鲁晓夫都把对方逼进了死角,脱身不得。

　　高级火箭工程师鲍里斯·契尔托克在詹姆斯·哈福德采访时回忆道,那个要命的 10 月他们正要由拜科努尔向火星发射探测器,被军方下令从发射台上撤除火箭,换上他们的洲际导弹,因为国家已经进入紧急状态。军方占用了拜科努尔所有的通讯线路,他联系不上科罗廖夫,后者因为感冒在莫斯科的家中休息。军方说如果他不照做那么就送他上军事法庭,说着就开始测试导弹。只有科罗廖夫才能手眼通天,让赫鲁晓夫取消这样的命令。[8]

　　契尔托克马上飞赴莫斯科,找到科罗廖夫。总设计师用一个电话摆平了此事。让人心悸的是,在古巴危机爆发期间的 10 月 24 日火星探测器发射升空,但爆炸了。美国弹道导弹早期预警系统(BMEWS)怀疑这是一次核攻击。幸运的是,几秒钟以后系统追踪到了真实情况,反攻的导弹才没有发射。

　　还有一件颇为讽刺的事实是:1960 年 10 月,在拜科努尔造成 190 人死亡的 R-16 导弹爆炸事件间接促成了古巴导弹危机。除了虚荣的涅杰林元帅,大量导弹专家在这次灾难中送命,严重拖后苏联洲际导弹打击能力的建设。当时作为战略目标的美国本土对苏联境内的武器来说还鞭长莫及。赫鲁晓夫唯一完整的洲际导弹就是总设计师的 R-7。但 R-7 的弱点是发射准备时间长,数量不够形成有效威胁。所以才需要把小型、大量、速射、短程的战术核导弹运往古巴。

　　古巴危机一旦结束,赫鲁晓夫或许在想,还是玩玩无害的太空游戏吧,也比和美国人玩性命相搏的核对峙要强。下一个太空里的宣传点被认为是他的绝妙主意:他让科罗廖夫发射一名妇女上太空——没谁能够想到。

1962 年,计划中的太空飞行开始从 400 名女性候选人中挑选合适人选。2 月 16 日,5 名中选者开始训练。按照赫鲁晓夫的命令,女性宇航员要从农民和工人而非专家学者中挑选。最佳人选是结合了贫苦出身和至少满足宇航飞行条件的人。巧的是,跳伞在这段时间忽然变成了普通妇女的爱好。最受青睐的候选人出现了:22 岁的有着 58 次跳伞经验的跳伞冠军瓦莲金娜·特雷什科娃。她的父亲是个集体农场的拖拉机手,二战中丧生。母亲是纺织厂工人,特雷什科娃也学了些纺织。她完全是赫鲁晓夫的理想人选:健康、漂亮、足够宇航训练的聪明,就是成绩太好,不是很能代表普通工农阶层。[9]

季托夫回忆了女宇航员初来太空城时遭遇的不信任。"老实说,我们不认为女人家和飞行有丝毫联系。那个时代,我们认为只有男人才能完成宇航飞行任务。第一个女人来的时候,我是负面的感觉。所有人都知道,季托夫从不保留他的看法!但最后,我们承认让女宇航员加入进来是正确的,我们很快成了朋友。"

加加林最后也被委派了一项富有意义的职责:同阿德里安·尼古拉耶夫一起训练女性宇航员。在 1962 年 7 月 12 日升为中校时他就放缓了工作节奏,在 8 月尼古拉耶夫和波波维奇的双舱飞行中做了个首席无线电通讯员（在美国航空航天局那里称为"CapCom"①）。在训练5名女性宇航员的工作中，他为他的学生指定了密集的体能锻炼项目（此时他仍然时不时受邀出国）。

训练驾驶全自动的"东方号"在此时已经没有特别的难度。特雷什科娃最终在1963年6月16日完成的太空飞行并无新鲜的技术挑战。她乘坐着太空舱迫近另一艘载着瓦莱里·毕科夫斯基的太空舱，当然，双舱飞行也不是第一次了，真正的考验只是在两艘太空舱发射时间的掌握上。特雷什科娃的成功带给赫鲁晓夫他期盼已久的机会——吹嘘"男人和女人在我们国家是平等的"。但这项宣传试验一经完成，女性宇航员小队就悄无声息地解散了。1963年11月3日，特雷什科娃和尼古拉耶夫在莫斯科举行了公开的婚礼。这项社交活动令赫鲁晓夫大展欢颜。3天后，加加林升为上校。这看上去似乎是平步青云的态势就像他后来发现的那样，并未帮助甚至是阻碍了他重回太空的愿望。

特雷什科娃和毕科夫斯基的双舱飞行是"东方号"在既有配置下的最后一次飞行任务。自1963年夏天以后，苏联人再也没有动力去和美国人的"水星号"比赛什么了。1963年5月戈登·库珀完成34小时太空飞行后，美国航空航天局也认为不需要再证明什么了。确实，单人的太空飞行还能怎么比呢？

其实，航空航天局正准备运用一种由美国空军开发的新型

---

① CapCom 是 Capsule Communicator 的缩略，意为太空通讯员。

火箭——"大力神"。它的燃料箱和箭体外壳一体成型,节省了重量。矗立在发射台上看起来弱不禁风,只能靠充入惰性气体加压后方能站直腰身,但它能爆发出与自重不符的巨大能量,能荷载远超"水星号"舱体的重量。

　　航空航天局知道,要等能搭乘3人的"阿波罗"登月船以及"土星五号"运载火箭变成现实还有数年之遥。现在设计者只能玩玩模型,而不是真家伙。同时,一种过渡型的太空舱出现了:"双子星"。它兼顾了"水星号"的简单和即将出现的"阿波罗"的复杂。"双子星"可载两人,可装配于"大力神"火箭。它配置了弹射座椅,以及可以开启的舱门,宇航员可出舱做太空漫步。科罗廖夫从航空航天局的公开资料上熟悉了这一设计。

　　1963年,加利福尼亚州的麦道公司开始生产"双子星",但此时没有一艘实际飞行过。科罗廖夫焦急地赶制"东方号"的下一代太空舱——要更大,甚至大过美国人的新设计。如果他赶在第一艘"双子星"上天之前发射了多人太空舱,那么他将获得巨大的政治支持,确保他造出真正强大的作品。赫鲁晓夫当然希望他以最快速度吹毫成兵变出3人任务舱,通杀"双子星"和"阿波罗",而不论他们将以多少宇航员的性命作为赌注。赫鲁晓夫常被诟病把科罗廖夫推至危险的抉择之中,但公道地说,对于技术细节他不可能有发言权。他必须信任总设计师对于某一太空计划是否安全的判断。

　　是科罗廖夫开始冒险了。他决定在目前的"东方号"大球里多塞进一名甚至两名宇航员,只要他们不穿戴宇航服就有可能。

这一新安排纯属面子工程。"东方号"没有改进,只是更加拥挤和危险。弹射座椅被整体弃用,只为腾出更大的空间。如果在发射时有任何闪失,没人有机会逃生。这个新计划叫作"日出"。

尽管危险,"日出"最终证明仍能保持住苏联人的领先地位,并催生"阿波罗"和科罗廖夫登月的雄心壮志。他在第一特别制造局的接班人瓦西里·米辛肯定地说,总设计师和赫鲁晓夫有面对面的交易:科罗廖夫须在最短时间内造出多人太空舱,以回报赫鲁晓夫批准他制造新型的大火箭——N-1 火箭,这种超级推进器足以抗衡美国人的"土星五号"而毫不逊色。

到 1964 年,两个超级大国各自进行着自己的大计划。8 月,苏共政治局批准了 N-1 火箭的研制,以及科罗廖夫苏联航空制造业对手的计划。这种混乱局面加上科罗廖夫 1966 年的辞世,为苏联的登月计划敲响了注定失败的丧钟。1964 年夏天,为了踏上月球的土地几乎所有宇航员都动员了起来。但尤里·加加林失望地发现,他不再有资格分享这一欢乐了。

不仅仅是繁花迷眼的社交生活把加加林带离了实际工作。1961 年,就在他完成伟大飞行之后的几个月,在一次假期当中,他的不智举动让他从高贵优雅的巅峰跌落。

第九章　福洛斯事件

克里米亚探首于黑海,几乎就是个小岛。它靠两个纤细如静脉的半岛与乌克兰相连。它的最北边无甚可观,但南端就不同了。那里有秀丽的群山、阳光普照的树林、避风的棕榈海滩。10月气候依旧宜人,到了2月杏花则次第开放。

环绕克里米亚的黑海在历史上从未像现在这样如莫斯科所愿成为俄国人的禁脔。黑海南面仍属于宿敌土耳其。俄国曾在此遭受耻辱:在克里米亚的巴拉克拉瓦战役中,英军的卡迪根伯爵的轻骑兵旅直入死亡山谷,被左右俄军的野战炮夹击⋯⋯尽管如此,俄国人仍输掉了战争,土耳其人对此不无贡献。[①] 此时的塞瓦斯托波尔港,船身铁锈斑驳的黑海舰队依然一刻不停地紧盯着土耳其和它的北约友军。

在克里米亚的雅尔塔港,丘吉尔、罗斯福同"约瑟夫叔叔"斯大林共度了战时的艰难时光;而在雅尔塔西面的福洛斯,尼基

---

① 以上描述为1854年发生的克里米亚战争中的巴拉克拉瓦战役。在克里米亚战争中,英、法、土、撒丁等国对俄宣战,俄国最终战败,失掉了黑海的出海口。

塔·赫鲁晓夫拥有一栋别墅，直到现在，俄罗斯的领导人还常在此消暑度假，虽然他们永远也不知道，就在他们离克里姆林宫千里之遥逍遥快活之时，他们的政敌正在谋划着什么。1991 年 8 月，米哈伊·戈尔巴乔夫就是在福洛斯悬崖边的别墅小憩时被擒获。①

在 20 世纪 60 年代的鼎盛时期，绮思丽别墅成为了福洛斯当地专门接待上等贵客的豪华疗养院。温热的海水，新鲜的肉类、蔬果和美酒，这些超出常规的自由在此都能享用，或许还有更多。我们也就不必指望官方记录能够多么详细地记录客人们在此享乐的细节了。

第一宇航员和一众随行人员，以及他们的妻子、家眷也来到了福洛斯度假。

我们叫她"安娜"。也许有两个安娜，其中之一叫安娜·鲁曼塞耶娃，是位年轻的护士。当加加林一行 1961 年 9 月 14 日来到绮思丽疗养院时她正好当班。她向我们讲述了另一位也同时当班的"安娜"的故事，详细而私密。或许这两个"安娜"本是一人。不过这已经不重要。安娜·鲁曼塞耶娃早已为人妇，从事医疗工作，如今尊为祖母。

"有一种人，特别是男人，天生就在不停地寻找冒险的机会。"她说，"尤里·阿列克谢维奇·加加林就是这样的人。从露

---

① 1991 年 8 月 19 日，苏联副总统亚纳耶夫发动"八一九"政变，在福洛斯度假的戈尔巴乔夫被软禁。

台一纵而下只是个小插曲——我就只说这个故事的简洁版吧？——我不认为他想要欺瞒他妻子瓦莲金娜什么事。他只是发了小孩儿脾气,好像是对她说:'你以为我在里面做了不该做的事,你弄错了。'"

加长版的故事更能说明问题。

加加林一行共 28 人。和他一同疗养的还有瓦莲金娜和他们的二女儿盖娅——仅 9 个月大,还离不开母亲的看护。盖尔曼·季托夫、阿列克谢·列昂诺夫、记者雅罗斯拉夫·格洛瓦诺夫都去了,还有一大群宇航员和技术员,甚至死气沉沉的尼古拉·卡马宁也和小伙子们举杯共饮,暂时脱离"斯大林式浑球"(格洛瓦诺夫语)的角色歇一歇。

卡马宁注意到尤里和瓦娅闹起了矛盾。他魂不守舍,对瓦娅不理不睬,举止粗鲁。她一个人坐在车里生闷气,而她丈夫却下车观看风景,或者和克里米亚的贵胄们把酒言欢。有时他太过分,瓦娅当场就哭出了眼泪。卡马宁和太太玛利亚被加加林的行为惊呆了。假期几天后,卡马宁把加加林拉到一边——他一贯小心警惕的日记中写道:"我对他说:'这是我第一次为你感到丢人。你伤了瓦娅的心。'加加林承认了他的错误并保证不再用那样的方式。"[1]

季托夫在福洛斯的表现也好不到哪儿去。在第一宇航员的竞争中为卡马宁所尊崇的纪律现在已经蒸发不见。他觉得他有必要向这两位首发宇航员提出警告,他们已经"滑向了危险的道路"。

加加林并没改正他的行为,相反越来越耽于玩乐。第二周他就带着一群人驾着一艘小摩托艇出海。疗养院工作人员劝他不要去:这不合规定,他也不熟悉地形,况且当天港外风势不好,气候糟糕。但他一意孤行,不顾危险把小艇开到了外港。在一个急弯中,所有人都落水了,波涛汹涌,正如工作人员告诉他的一样。[2] 无人的小艇向着地平线疾驰而去,逐渐消失。海岸不得不派出一艘大船前来搜救。加加林被送往最近的医务室,他因为攥握方向盘太过用力,双手是血。但愚蠢的后果和疼痛也没让他的注意力从看护他的美貌金发护士那里完全移开。安娜承认:"尤里是个非常好的人,阳光、开朗。"他问她是不是在这里工作,她回答说是。

第二天,季托夫、卡马宁和另外 10 人收拾行囊,准备次日清早离开。最后一天的自由自当狠狠庆祝一番。"所以,晚上他们庆祝得有些过头。"安娜不动声色地说。卡马宁在日记里记下了这天晚上安静的游乐:扑克、象棋。如果考虑到之前两个星期的豪饮和喧嚣,这天中规中矩的安然景象反倒不太真实。

记者格洛瓦诺夫对 10 月 3 日事件的说法是:"加加林那天受到塞瓦斯托波尔的黑海舰队的邀请。我和季托夫都和他在一起。接着我们都回到了福洛斯,第二天又去了雅尔塔附近的少先队队部。然后我们去了马桑德拉的葡萄园。从那儿回来的时候我们都浑身发热。尤里说他要去会一个女性朋友。我们得说一说尤里的好话……"格洛瓦诺夫突然转了话锋,"你知道,她的太太瓦莲金娜是个复杂的人。她守卫着加加林,让他免受各种诱惑,但正是这种种诱惑让他有了今天的地位……总之,这天不见了尤里,她四处寻找,但他展现了善良和绅士的本色。他展现了一个真正贵族的品质,从二楼窗户一跃而下。"

安娜·鲁曼塞耶娃回忆:"'安娜'没兴趣看他们在聚会上玩闹,离开了大厅。她说她打开一间房间坐在沙发上休息。尤里·阿列克谢维奇——我不知道他脑子里在想什么。他喝醉了,或许他只是想套套近乎?总之他也进了那间房,关上了门,但没有上锁。但瓦莲金娜紧跟着也进了屋。或许他只是想告诉她她想错了?或许他就是刻意躲着她?我不知道。"

事情发生之后卡马宁询问了疗养院的很多人,包括当事人"安娜"。他的讲述是:

护士安娜告诉我她刚结束工作,回房稍作休息。她穿戴整齐地躺在床上看书,加加林进来并反锁了房门,企图亲吻她,并说:"什么?你难道想叫救命?"接着响起了敲门声。加加林从阳台跳了下去。

或许加加林和瓦莲金娜之间有过争吵,或许她冲进门去只看到了气喘吁吁、衣着蓬乱的"安娜"。或许瓦莲金娜问她的丈夫在哪里,"安娜"告诉她他藏在了阳台。安娜对此情景的讲述有多个版本,先后不一——演绎方式不同,而不是故意撒谎——两个女人从阳台探身下望,看见加加林伏在地上一动不动。"阳台外面爬满了野葡萄藤,"安娜·鲁曼塞耶娃说,"这些藤蔓阻挡了他下落。他前额磕到了石头。这可不是一次完美的降落,他从太空回来的时候可完美多了。这次可太失败了……上面都是

'安娜'告诉我的,她名字也叫'安娜'。"

卡马宁在日记里第一次提到这件事时非常简短,提纲挈领:

> 因为酒精作用,加加林从窗口跳出。造成面部较重损
> 伤,眉骨留下疤痕。海军军医为他动了手术。他在医院休
> 息了一个多月,缺席了党代会开幕。[3]

卡马宁是第一时间就赶到现场的人之一。他对第一宇航员
的情况不太乐观。遍地的血迹让卡马宁以为加加林开枪自杀
了。同时瓦娅从楼上跑下来,尖叫着:"别站着啊! 救救他! 他
要死了!"

塞瓦斯托波尔的医生被马上召集起来。福洛斯的医务人员
进行了第一时间的急救:检查四肢看是否能用折叠担架抬走,抬
进屋里之后给眉骨打了麻醉。他的前额骨折。塞瓦斯托波尔的
外科大夫赶来后为他剔除了碎骨,缝合了伤口。加加林不出一
声,全程紧握周围人的手,因为太过用力指甲变得乌青。

加加林愚蠢的错误似乎还没有结束。护士"安娜"记得,他
抬眼看了看自己然后问:"我还能上天吗?"

她答道:"我们走着看。"

安娜·鲁曼塞耶娃至今对加加林在当局面前揽下一切错误
保护"安娜"心存感激。"他找来疗养院的领导,说:'你一定知
道,这不是她的错。'这当然不是。她被调到另一座建筑,但仍然
还在疗养院工作。"

一个临时的医疗队在疗养院建立起来。"安娜"和其他护士都调整了工作时间,专门保证加加林长时无间断地处在看护之下。瓦莲金娜也常待病榻左右。总的看来,她待"安娜"非常的友好。"她回忆他们在加加林上太空之前的生活。她絮叨着他是多么地勤奋,她自己有时又是多么后悔现在的生活。"

　　医生担心加加林留下脑震荡后遗症。事后他坚持说自己一直都没有失去意识,不过强行的卧床休息是必须的。3天以后,他垫着枕头从床上坐了起来,向安娜抱怨:"我受够了。我要干点儿什么。安娜,麻烦关一下门,我要来个倒立。"

　　"尤里·阿列克谢维奇!如果医生知道了我是要丢工作的!"

　　"别担心。我感觉我已经好了。我就是想动一动。"说着他下地徒手倒立着走来走去。安娜劝他赶紧回床。他说:"一百年后人们会聊到这件事。有一天当你成了祖母,你会告诉你的孙子你曾经这样照顾过加加林。"

　　他知道自己做下了蠢事。或许只是这次倒霉了一些。在他的微笑和浮夸的自信背后,他也思考着自己的将来。

　　卡马宁也思考着。他仍然要负责宇航员的纪律。在日记中他记录道:

　　　　这件事可能带给我和其他人非常多的麻烦,我们需要为加加林的做法埋单。前景会非常黯淡。加加林离荒谬而愚蠢的死去就差一根头发的距离。

3 天后，一辆柴卡轿车把加加林带去参加党代会。他能走能动，但是还是用一架担架把他抬走，这让他哈哈大笑。他们带他去塞瓦斯托波尔，转乘飞机去莫斯科。抵达会场后他被告知不许多说话，散会后不许与其他代表交流。官方记录说他全身心地积极投入到了会议中，但卡马宁的日记确定地透露，加加林根本就不在状态。格洛瓦诺夫说："他确实出席了，但只是在开幕后的第五天或第六天。记者不停地照他的侧面像，所有眉骨的伤疤就看不到了。"同时，报纸也制造出新闻来满足好奇。"我记得他们说尤里抱着他的小女儿绊倒了，他为了保护女儿所以磕到了眉骨。这是伤疤的来历。"《消息报》的另一版本说，加加林为了救溺水的女儿跳进黑海，在礁石上磕伤了头。

　　治疗加加林的医生获得了奖励和拔擢。赫鲁晓夫对自己青睐的宇航员在党代会上无所建树有些恼火，不过他更关心的是他的安全。福洛斯事件的道德层面没有特别困扰他。他的顾问费奥多·博拉茨基说："不考虑党员本应很强的道德观的话，大家都认为这是个逗乐的事。赫鲁晓夫也笑了，可能他夫人笑不出来罢了……不过我认为有一些将军和军界高层，他们和加加林的关系就不是那么单纯了。我想他们因为他和赫鲁晓夫的密切关系而嫉妒着加加林。"博拉茨基暗示说，他们可不认为这件事有什么好笑。他们厌恶加加林的行径，并暗暗记在心上。

　　卡马宁无疑被严厉批评，因为他对福洛斯事件负有领导责任。11 月 14 日在太空城的一次特别会议上，他被要求对季托夫和加加林的不当行为作出说明：

> 加加林和季托夫已经就他们在疗养院的行为作了足够的说明。他们承认酗酒、对女性的不当态度以及其他错误。但是，为了瓦娅的情绪，加加林坚持说他不认识屋里的女孩。

卡马宁说服参会人员他意图不忠的第一宇航员只是在和妻子玩一种幼稚的躲猫猫游戏，同时他的替补季托夫是被一群非宇航员带得误入歧途。所有人都知道的托辞，附以两位当事宇航员书面检讨的官方文件却接受了这一说辞。卡马宁写道："我知道加加林去那间房间的企图是什么，但我不碰这个问题，这会让他家庭不睦。"

卡马宁是宽大的。但当 11 月加加林恢复了环球访问，他大失所望地发现这位第一宇航员的行为没有一点改观。12 月 14 日，他在日记中写道：

> 他没有戒酒，即便是在克里米亚之后。我不想变成预言家，但看来他喝得不少。他处在荣誉的顶点，肩负了很多道德义务，知道自己一言一行都在聚光灯之下。一两年后，世易时移，他会感到不满足。从他现在的家庭生活中就能看出端倪。他对自己的妻子不再尊重，有时会羞辱她，她却因为受教育层次和沟通技巧的弱势而对他无可奈何。

他同样观察到"季托夫自从印度尼西亚之行后就开始旁若无人了"。卡马宁感觉自己手下又多了一个刚愎自用的家伙。读者须知,卡马宁的日记是极私人的情绪记录,所以可以当作是准确的历史记录一般对待。在苏联航天界,还没有哪一个人物(伟大的总设计师也不能幸免)能免于卡马宁某种程度的批评,甚至赫鲁晓夫也被炮轰——通常是主观的,并且几天以后就会有完全相反的评价。可能是福洛斯事件之后的紧张让他对那次党代会出言不逊——会上加加林的沉默引起了不小的尴尬。在会上,赫鲁晓夫提出要把斯大林的遗体搬出红场的陵墓。1961年11月5日,卡马宁愤怒地写道:

> 很多人都不同意。他们公开地在公共汽车、地铁、街道上谈论不满。斯大林威信破产造成了很多问题。年轻人对当局失掉了忠诚……斯大林统治的三十年,国家由弱转强。他的名字不容自命不凡而实则可悲的小矮人抹去。赫鲁晓夫是个吃醋的阴谋家,是个懦弱的马屁精。所有人都明白他糟糕的外交搞坏了和中国、阿尔巴尼亚、美国、法国、英国等等国家的关系。

讽刺的是在斯大林时代没有人胆敢写下这样的文字,因为随时都有性命之虞,西方人难以理解斯大林在苏联受到的尊崇。我们猜测,卡马宁因为被赫鲁晓夫当局责罚对宇航员管教不严,而在日记的字里行间发泄情绪。不过他的政治观点倒也其道不孤。卡马宁 1961 年 10 月或许饱受委屈，但他的评价却是大体正确。第一书记尼基塔·赫鲁晓夫将面临失势，同样的，尤里·加加林也一样。

1961 年 11 月，加加林靠补妆小心掩盖脸上的伤疤后，环球访问再次开演。勒克瑙、孟买、加尔各答、科伦坡、喀布尔、开罗……一路向前，永远向前。在锡兰，加加林一天共演讲 15 次。在开罗，一家报纸报道他代表斯摩棱斯克州被任命为最高苏维埃成员。[4]

之后是雅典、尼科西亚、东京……在东京他遇到了一个带暗示的问题。一个日本记者想知道加加林为什么给孩子买了一大堆日本的填充玩具，是因为在苏联这些东西不能带回家吗？加加林回答道："我经常带礼物回家给我的女儿们。我这次想用日本的洋娃娃给她们惊喜，但现在这件事明天就会登满所有报纸，你毁掉了两个小女孩的惊喜。"他带着迷人的微笑回答完问题时，提问者就承认自己彻底被击败了。在场的记者们都议论着表示同意。加加林又得分了。

瓦娅依然随行，但出行在外很难兼顾旅行和照顾孩子。她实在是愿意在丈夫出国期间待在莫斯科的家中。她害羞，不爱在公众场合抛头露面，这不是她期待的生活。

在加加林出国时，费奥多·蒂姆楚克常开车带着瓦娅出去。他能清楚地感觉到她对出入公共场所的不自在。蒂姆楚克陪她去买日用品，她总是像个普通莫斯科人那样老老实实地排队。其他妇女往往能认出她来。"她就会马上转身离开，回到车里告诉我：'我们走吧，她们认出我来了。'所有人都会让她排在第一个，但她总是谦逊地回到车里去下一家商店。"

卡马宁总是陪同加加林出访外国。关于 1961 年 11 月 4 日的印度之旅，他在日记中写道：

> 成千上万的人热烈地欢迎加加林。我就会想起小时候幻想的耶稣基督和人们见面的场景。耶稣尚需要变出五千份饼和鱼的神迹①，而我们的加加林只用出现在众人面前就可以消除大家的饥渴。虽然我知道加加林出现在这里仅仅是个偶然，他当初的地位可以轻易地被任何人代替。我记得在 4 月 11 日那天（太空飞行的前一天）我这么写道："明天，加加林就将举世闻名。"但我也没料到他有如此巨大的魅力。

11 月 9 日，加加林、瓦娅和随行人员访问锡兰的科伦坡。加加林对卡马宁说他"快撑不住了"。苏联驻科伦坡大使还坚持让他尽量多地曝光。卡马宁爱莫能助，只能写道：

---

① 《圣经》中记载，耶稣把孩童带来的 5 个饼和 2 条鱼分给了五千个信众，称为"五饼二鱼"的典故。

他们都在尽己所能榨干加加林的价值，来装点政府的门面。他们丝毫不关心这对他有何影响。

　　这个时候，卡马宁开始加倍关心加加林的酗酒问题，以及瓦娅愈发严重的对出席公开活动的紧张。卡马宁、格洛瓦诺夫和其他亲近的同事对此看法一致。看上去，加加林是个纯粹的酒徒，一个追逐享乐者，工作时很少饮酒，但余下时间就一发而不可收。不幸的是，他持续的出访要求他必须处于一种随时随地与人举杯共盏的社交境地，如此才不会扫了兴致。无休止的出访行程带来无休止的紧张，如此更加剧他酗酒的毛病。加加林贴身的克格勃护卫维尼亚闵·鲁塞耶夫和演讲顾问阿列克谢·贝利科夫都对这样的安排大摇其头，却没能力阻止。

　　加加林和鲁塞耶夫十分要好，常常在人后相互回护。鲁塞耶夫现在说："尤里有赤子之心，经常承担下别人的错误。像盖尔曼·季托夫，要想说他犯错就像往鸭子背上浇水。他从太空回来以后起码严重违纪 20 次，比如撞车什么的。人们老是把这些错误归到尤里身上。这个时候我就会站出来。"

　　当加加林作演讲和答记者问时，鲁塞耶夫（以及非凡的语言专家贝利科夫）就坐在他的身旁。"我不是保镖。我更像顾问和助理。你能想象尤里出访外国遇到的那些问题，我的职责就是替他解决这些问题。"倒不是说加加林是个社交白痴——完全不是。"他对所有政客、官员的名字过目不忘，而卡马宁就完全不行……尤里就靠耳朵，很多时候不需要我的提醒。我都很惊讶他怎么能对付得了这么多千奇百怪的问题。"

鲁塞耶夫说:"赫鲁晓夫几杯酒下肚就会醉得歪歪斜斜的,尤里常常保护他不要喝醉。"虽然尤里对赫鲁晓夫明显是心生崇拜,但他却保持着安全距离以避免不必要的冒犯。谢尔盖·贝罗茨科夫斯基自1964年起教授加加林航天知识。那时加加林努力要恢复正常的工作。他开始逐渐了解加加林。"我认为他的人格开始分裂。一方面他是国王、总统,甚至英国女王的座上宾,但另一方面他和普通民众的血脉从来也没有切断。我认为,他开始意识到底层人民缺乏人权、生活艰辛,并目睹上层社会的腐败。他眼见领导人们醉酒后在桌上癫狂起舞,举止不堪,他直率的灵魂不可能不受伤害。我说的不是社会表面的病灶,而是占统治地位的领导阶层根本上的腐败。"

有一种不公平的憎恨因为揣测加加林在赫鲁晓夫当政期间获得了不少特权而加于加加林的头上。确实,他和其他宇航员获得了超过平均水平的生活水准,但他们的生活舒适度也仅仅和中等官僚不相上下。季托夫说:"可以诚实地说,我们从未收到过特殊补贴。人们经常对我说:'让我们看看你的别墅,那种只要你开口赫鲁晓夫就马上下令为你建造的豪华别墅。'我从来没有因为这种事麻烦过别人,尤里也没有。我们那么年轻,他们在说什么啊?我们要别墅干什么?"

鲁塞耶夫证实了这一点:"尤里是个十分诚实的人。他是太空第一人,他为国家付出这么多,你应该看看瓦娅现在的住处。根本不是什么豪华别墅,简直就是鸡窝。尤里为祖国辛勤工作,不是为自己敛财。"[5]

更险恶的嫉妒不可避免地向他扑来，扰乱着加加林内心的平静，不单因为想象他得到了额外的物质奖励。谢尔盖·贝罗茨科夫斯基观察到："当他代表国家出访外国时，连科罗廖夫都没想到中伤一时间如雪崩般向加加林飞来。他树敌太多，因为他比苏联官方的外交代表更有魅力，言谈更加智慧和坦率。上级不能原谅这种事情发生。"

鲁塞耶夫努力不让加加林受此侵害。"他常说政治是艰深和复杂的。我告诉他：'政治很脏，你得躲着它。你有自己的国家，自己的家人，享受你拥有的，远离政治。'"

鲁塞耶夫一直跟随加加林到1964年，直到这年赫鲁晓夫被勃列日涅夫夺权。从那以后，克格勃和宇航员之间的关系彻底改变。1967年3月，加加林最后一次向鲁塞耶夫寻求非常必要的政治指导。但那时对于两人来说，一切都已太晚。

第十章　重返工作

19 63年,苏联和美国的宇航医生都惊讶地发现,原来太空飞行只会引起一点点的不适:比如恶心、头晕、口干等等。体质普通的人也可以进行太空飞行! 从这时开始,挑选宇航员的重点就不再是身体条件,而是健康的心理承受度和能胜任一系列太空工作的知识条件。科罗廖夫、卡马宁和苏联航天计划的高层从1959年体检淘汰的候选人中再次挑选宇航员。机会再一次降临到这些人的头上,因为这时更看重知识技能而非身体条件了。1964年5月,新的宇航员小队从航天工业内部增补进了10位技术专家。他们其实是在科罗廖夫第一特别设计局工作的非凡的工程师。1959年宇航员小队中的加加林的很多朋友、同事,如盖尔曼·季托夫、阿列克谢·列昂诺夫、弗拉基米尔·科马洛夫还有阿德里安·尼古拉耶夫都努力地学习,希望保持在26个新人前的领先地位。[1]

1963年12月21日,加加林上校被任命为宇航员训练中心副主管,直接对卡马宁负责。这样既提升了他的级别又不让他继续冒险,实在是两全其美。过去3年里,他扔下了不少训练,因为危险性，他也不被允许驾驶战斗机。他和普通飞行员不同，是苏联对国内、国际社会不可牺牲的标志。就算允许他回归宇航员身份，他适宜于"东方号"的那些理想条件此时却变得不再重要。年轻、体健、态度端正、成分良好，这些早已不够。如果尤里希望重入名单，他还需要学习轨道力学、飞行系统、电脑控制和太空导航，并让领导确信他有其能力。科罗廖夫当然希望他能够回来，他早早就提点他的"雏鹰"一定要尽快学习理论知识。

早在 1962 年 6 月，总设计师就对不眠不休的出国访问失去了耐心，他抱怨道："就太空计划而言，我们正在失去加加林和季托夫。"他批评卡马宁没有照顾好他们。和往常一样，卡马宁又透过于他人，在日记中写道："从科罗廖夫的抱怨中就能看出他没能得享大名的醋意。"[2]

科罗廖夫的眼界却已经投向了"日出号"之后的方案——一个野心勃勃的能够痛击对手的太空舱：它可以经操纵变轨，以精确到毫米的精度调整高度、偏角，最厉害的是，能够和另一架太空舱在轨道上实现对接，并组装成一个新的整体。这种新太空舱的名字叫"Soyuz"——"联盟号"。它当然是对美国"阿波罗号"的直接回击。实际上它的后置设备舱、中置返回舱、前置对接舱的大体设计和通用公司为航空航天局"阿波罗号"设计竞标的落选方案可疑地相似。

"联盟号"是未来登月计划的关键，但它的出现至少还在两年之后。所以此时，科罗廖夫最为信任的工程师之一的康斯坦丁·费奥克基斯托夫以及他亲近的同事奥列格·伊万诺夫斯基还在全力投入"日出号"的开发,以便科罗廖夫兑现和赫鲁晓夫的私人"交易"。费奥克基斯托夫本人还在接受训练,和其他通过了体检(这时的体检相对非常容易了)的9位工程师一同成为"日出号"首批工程师宇航员。这个安排成为费奥克基斯托夫——第一特别设计局中唯一一位在技术问题上不输总设计师的人——表达他工作信心的方式,科罗廖夫也借此向他迅速完工致以谢意。在顽强无畏的精神上,这两人极其相似。世界曾残酷地对待他们。科罗廖夫差点死在西伯利亚的劳改营中;费奥克基斯托夫曾是红军,在战斗中被纳粹俘虏。被残忍地拷打后,他被吊在一条沟渠上方,暴露在炮火之中。之后他掉落在满是死尸的壕沟里,直到夜深才跛行逃出。蜷身于"日出号"对他来说没什么好怕的。[3]

随着费奥克基斯托夫等人提升了宇航员的知识层次,加加林要赶上他们赢得下一次飞行的机会越来越渺茫。

在加加林出访期间,他总是抓住一切机会参加宇航员的培训课,但往往是屁股没有坐热就被叫走去履行一些"外交职责"。当1963年赫鲁晓夫政权面临危机之时,加加林的曝光机会越来越少,这才有了大量闲暇学习理论知识。1964年3月他进入莫斯科的茹科夫航空学院——著名的涵盖了飞行和空气动力学各种专业的学校,位于列宁大道上的彼得罗夫斯基宫。叶卡捷琳娜二世修建了彼得罗夫斯基宫作为皇家在旅途中的驻跸之所。1812年莫斯科大火时拿破仑曾在此地栖身。现在这里成了俄罗斯宇航员进入太空之前的必到之处。一门全新的课程——宇宙飞行建立了,并设有"飞行员－工程师－宇航员的三合一文凭"。攻读者要学习关于太空的所有课程,选定某一具体课题写作论文,并在导师面前作书面和口头的答辩。苏联宇航员和他们的美国同行越来越像,后者也要在飞行之前攻下学位(在一篇著名的论文中,航空航天局邀请巴兹·艾德林给轨道交会做数学运算,后者由此在宇航员队伍中赢得了牢固地位)。

加加林为了在航空学院取得好成绩,他选择了可谓航空学中的"圣杯"——带翼航天飞机实操设计作为论文题目。阿列克谢·列昂诺夫和他同学了几个月。他回忆道:"他对自己非常严格。我常常惊讶于他学习的勤奋,辛苦地准备功课,刻苦地要赶超别人。一个自我膨胀的人是不可能像他那样投入的。"

一架拥有翅膀的航天飞机当然是可以在机场安然着陆,而不是像返回舱一样坠落在沙石戈壁或者溅落海上。机翼可以减速并控制降落,所以飞船就能稳稳当当地用轮子着陆。和笨重的太空舱不同的是,带翅膀的飞船还能整修一新用作下一次飞行。但此事的难点在于平衡机翼的空气动力功能和飞船整体的隔热需要。美国航空航天局已经启动了升力体①的研究。这是一种实验性的航空器,介乎太空舱和飞机之间。试验时从高空的 B-52 轰炸机上让它们坠下,大多数降落都非常成功。但是它们不可能被送上太空,因为额外的火箭发动机和燃料箱让它们

---

① 升力体(Lifting Body),一种靠机身提供升力的航空器,没有传统意义上的机翼或机翼很小。

自重太大,并且还有一个不可解决的隔热问题。那时,还没有一种材料能同时提供坚实而轻巧的性能,保护升力体短粗的机翼在返回时不会烧化。普通太空舱的隔热材料返回时都会燃烧殆尽,给太空舱留下严重的烧伤,而大面积的树脂和纤维又不可能充当机翼。

总之,航天飞机带来了最为复杂的挑战。即便是今日航空航天局的太空梭也不能说没有缺陷。它由笨重的零件组成,可抛燃料箱和隔绝高温的隔热瓦都笨重异常,对更加高效设计的追求仍在继续。加加林在 20 世纪 60 年代中期对这些问题就投入了思考,可见他重返太空的热忱。但今天记住他工程技术的人不多,记忆犹新的依然是他质朴的微笑。他在茹科夫航空学院为了重回太空的资质奋力研究的画面除了他最亲密的同事几乎没有人记得了,特别是谢尔盖·贝罗茨科夫斯基——学院的二号负责人,更是宇航员航空理论知识的负责人(卡马宁同时在太空城教授他们实操技能)。

加加林一项最重要的成绩是认识到,出于安全考虑,航天飞机必须要有能力进行无动力着陆。一些指导老师坚持认为这在技术上不可能实现。加加林认为,如果航天飞机不能"螺旋桨停转"着陆那就一点儿用都没有。因为说到底,如果发动机不能正常工作,难道机组人员还不能返回了吗?他认为,就像"东方号"一样,一具小制动引擎就能让航天飞机脱离轨道。之后,它应该不需要引擎就能着陆。他第一个想法是让飞机靠降落伞降落,但显然是不可能的。最终他决定应该让飞机滑翔降落。航空航天局的现代太空梭完全就是这么做的,着陆时一点儿不用引擎。

在航天飞机的重要设想上,加加林超过了他的诸位导师,但在严格的空气动力学计算上,加加林学得很辛苦。他的航天飞机在逆风中如何飞行,顺风中如何飞行,侧风中如何飞行? 如果突然出现气流呢? 他能算出飞船靠近地面时气流的剧烈变化吗? 加加林一次次地在原始的模拟计算机上(还有他的朋友和学习伙伴阿德里安·尼古拉耶夫)进行着复杂的数学运算,希望气流数值能符合自己的理想设计。他经常和导师、同学激烈地争执,以完善自己的想法。[4]

加加林对航天飞机的研究是高度机密,就连他们在航天学院的学习也都是高度保密的。就像科罗廖夫,贝罗茨科夫斯基的身份也是个秘密,从未在公开场合公布过。他不允许哪怕和他最喜欢的学生照一张合影,就怕西方间谍认出他们来。就是这样,他居然用一台隐藏的照相机偷拍了很多照片留作纪念。"我把所有底片都藏在一个安全的地方。很久以后我把他们冲印了出来。我不认为我们做错了什么。多亏了这自作主张的举动,今天我们有了重要的历史照片。"

加加林埋头于工作,长期在学院宾馆住宿,和瓦娅以及孩子们异地而居。但对好成绩的追求并非他离家不归的唯一原因。

加加林时常在莫斯科花园环路西边的尤诺斯宾馆花费大量时间。尤诺斯和官方的共产主义青年运动"共青团"有关。加加林是那里的上宾,7楼的709号房由共青团一直支付着订金,长期为他预留。多数情况下，尤诺斯是苏联各联邦团组织代表到访莫斯科的下榻之所，加加林每每就要出席满是鲜花的接待宴，致以激动人心的讲话。欢迎会经常持续到第二天凌晨，这时加加林就不便冒着莫斯科的严寒回家，而是留宿宾馆。在非官方场合，他也常在那里宴请宾朋。加加林是个出色的台球手，极少输球，唯独一次不太光彩，他输给了"诺娜"——一位以美貌著称的年轻的象棋冠军。加加林的同伴都不理解他怎么会输给了一个女孩，或许他胸中另有一场比赛。

加加林是个健康、英俊的年轻人，偶然间成为了全世界和甲壳虫乐队一样的最为炙手可热的明星。说他是个轻薄浪荡的花花公子并不恰当，他只是同和他一样地位的超级明星半斤八两，在性方面并不比他们更为保守或开放。人们都说，他是爱着瓦娅并且对两个孩子投以挚爱的，但是瓦娅对丈夫不拿结婚誓言当回事的做法非常不满。一次不忠就足以激怒她，更不用说婚姻中的"几次"出轨了。

一次，瓦娅决定去尤诺斯宾馆找她不忠的丈夫。加加林在尤诺斯最喜欢的理发师伊戈尔·霍克洛夫为之后发生的事责怪前台警卫太过松懈。"那是个不一样的时期。所有女人都扑向加加林，同他一起散步，甚至一起睡觉。他在尤诺斯就有很多机会。当他聚餐之后微有醉意，一个一流的女运动员，滑雪冠军对他产生了兴趣。是她勾引的他。但是早上6点钟的时候他老婆就来了，就像是有了某种预感一样。我得说，是前台警卫失误，他们完全可以打个电话通知尤拉，但他们没有。她在宾馆大吵大闹，几乎把加加林要撕碎了。剩下女孩收拾衣服溜走了。我得说，这个女运动员让加加林损失惨重。"

对瓦娅来说，这种情况大概是家常便饭——砸门、争吵、丈夫脸上挂彩（这次是她的指甲造成的）。第二天一早，霍克洛夫在加加林会见赫鲁晓夫之前为他遮盖脸上的伤口。他说："我给他化妆。也可以说，我在为他舔舐伤口。瓦莲金娜非常爱她的丈夫，但因为这些事她嫉妒心变得非常强，更因为她有捉奸在床的经历。"

盖尔曼·季托夫说："尤拉的妻子很难接受他不再属于自己的事实。"

福洛斯事件之后对加加林的限制之一是指派了保镖——这是赫鲁晓夫的意思。这位高个的保镖长了一张阴沉的面孔，绰号"臭猫"。只要他一出现，保证把房间里的气氛降至冰点，尽管在熟悉之后他是个非常好的人。1962年加加林提出要赫鲁晓夫撤除保镖，但结果是换来了3个便装的暗探影从左右。霍克洛夫说："加加林这下没法找女人了。总不能几个人挤在一张床上。喝酒也是一样，他要想喝一杯，就得给他的保镖们一人买一杯。"

不独航空学院，来自太空城的工作也给加加林带来很大的压力。通常都是官方的庆典和宣传工作。这些事务在勃列日涅夫时期有所减少，但不可能断绝。霍克洛夫说有一次加加林来理发，出于对自己爆满的日程安排的抱怨，他苦涩地评价外面一个醉倒在地的乞丐："那是个聪明的家伙。他找到了一个可以同时休息和工作的办法。"

伊戈尔·霍克洛夫经常前往克里姆林宫为赫鲁晓夫理发。这个老到的理发师对没完没了的克格勃人员、秘密警察的检查没有半句好话。"那间房只有我、赫鲁晓夫和他的贴身保镖。保镖的手插在口袋里,随时摸着枪。我在想,是你的枪快还是我的剃刀快呢？一个高官进来,见了保镖说：'我们相信这个理发师。有伊戈尔在这儿,不需要保镖。'这样保镖才走了,在门口候着。"

最后也不是这个叫伊戈尔的理发师割了他的脖子,而是赫鲁晓夫自己亲密的政治伙伴。

赫鲁晓夫用导弹、火箭、卫星、电脑、战机、航母以及核武器向世界宣布,苏联是拥有现代尖端技术的国家,是世界政治舞台强大的操盘手。但他的软肋——和他之前、之后的苏联领导人并无二致——则是没能提供给人民最基本的生活需要：食物。1963年秋天,他被迫实施了一系列尴尬的应急手段,向美国购买小麦来缓解他当年雄心勃勃的"处女地开垦计划"的低产出之困。

和肯尼迪的境况相似,赫鲁晓夫也要在太空中找到荣耀来转移对自己失败的注意力。1964年10月12日,科罗廖夫兑现了诺言,成功发射了乘坐了3名宇航员的"日出一号"。弗拉基米尔·科马洛夫、康斯坦丁·费奥克基斯托夫以及鲍里斯·耶古洛夫3人在没有弹射装置的狭窄舱内,甚至没有空间穿上宇航服,只得穿简单的棉质工作服。尽管如此,"日出号"还是在

"东方号"的设计上有一些改进。太空舱前部装置了备用制动火箭,下侧部扁平,装有集束小型火箭,减缓着陆时的冲撞力。这样舱内人员就能和返回舱一同落地了。苏联的新闻发言人自豪地宣布这一"软着陆"的新概念,明显忘记了1961年他们就已经宣称加加林是这样着陆的了。

"日出一号"的发射对赫鲁晓夫来说已经晚了。10月13日太空舱返回,第二天第一书记就被罢免。他从福洛斯的静养处被叫走,当时"日出号"还在天上。莫斯科的政治局召开了特别会议,通知他因为年龄和健康原因不再担任第一书记的职务,赫鲁晓夫大吃一惊。他的副手列奥尼德·勃列日涅夫利用粮食危机问题夺下了第一书记的地位。赫鲁晓夫忠实的顾问费奥多·博拉茨基说:"戈尔巴乔夫遇到的政变算什么。克格勃和勃列日涅夫针对赫鲁晓夫和反斯大林分子的那才是真正的政变。"

几乎同一时间,加加林就受到了波及。他的外访行程都取消了,和克里姆林宫的联系也中断了。勃列日涅夫当然不想提及前任在太空方面的胜利。深知加加林的博拉茨基一下子就捕捉到了他的心情变化。"我敢肯定他心情变得低落。不是因为他不喜欢勃列日涅夫,正好相反,是因为勃列日涅夫不喜欢他,把他当成赫鲁晓夫在全世界的代言人。加加林突然就失去了往日的地位,我感觉他有点儿不知所措。他在政治意义上是苏联伸向西方的和平之手,但勃列日涅夫发动了新一轮的军备竞赛,他不再需要加加林这样的人。"博拉茨基还点明了苏联永恒的政治规律。"谁是谁不重要,关键是谁是谁的人。加加林是赫鲁晓夫的人,这就足以断送他一切职业前景了,在勃列日涅夫时代。"

这并不是博拉茨基的一家之言。这个新生的强硬政权"逼迫加加林失掉了他的一切。他需要努力在某种新的体验中找回自己,或许是酒精。他已经被毁了。昨天他还是祖国的代表,今天已经只是个普通飞行员。有人这么说过,'最大的不幸是品尝过幸福的滋味'。勃列日涅夫和政治局夺走了加加林的幸福,他们要对加加林之后所有的不幸负责"。

加加林的私人司机蒂姆楚克简洁明了地总结了政治风波带给第一宇航员的变故。他回忆在赫鲁晓夫时代,加加林经常去克里姆林宫,而且一路上总是欢声笑语,还有美酒。但在勃列日涅夫时代,这样的拜访变得很少,"而且加加林总是静静地坐在车上,表情失落。我不会问出了什么事,我不用问。我能看出他正陷入千头万绪的思考当中"。

加加林第一波打击来自于他不能像以往那样为无数的请求他帮忙的人们说话了。他不是圣人,但他天性善良,这种善良来源于格扎茨克和格鲁什诺的生活。他在战争中学习到了对社会的责任感并终其一生肩负此任。他往日的同事之中,尽管有人对他有时的自以为是、不当言行颇有微词,但无人否认他在熟人甚至陌生人困厄之时所表现出的热情和慷慨。

到 1964 年时,所有成功完成任务的宇航员都名声大噪,在国家高层都赢得了广泛影响力。在太空城,加加林返航后 10 天之内就建立了一个特别通信部,专门处理全苏联、乃至全世界发给加加林的邮件。经过一段时间,通信部的 7 个常务秘书(至少有两个是隶属克格勃的）也开始处理发给其他宇航员的信件。谢尔盖·叶古波夫在太空城主管此部，有两个主要目的：一、帮助加加林处理回信；二、紧盯任何突然出现的敏感信件。随着全世界对苏联宇航员热情的消退，他的职责的政治含义减轻了不少，但他仍然管理着这个部门。"绝大多数情况信封会写'加加林，莫斯科'，或者'加加林，克里姆林宫'。最后我们决定给他一个特殊的邮编：'莫斯科705'。这么多年，我们收到了至少100万封信。"

　　大部分信件——但绝不是所有的——都在蓬勃地表达着对加加林成就的愉悦、惊叹、崇拜和骄傲。叶古波夫不太愿意承认，有些信在某种程度上"不同一般"。"我们在太空城还保存着所有档案，任何人都可以查阅。你可以看到，通信部没有一封信是不好的。"合理的猜测是一些"异类"的信件已经被挑出，但大量的恼人的求助信仍在档案中。"大约百分之十到十五的信是各种各样的请求，比如普通市民要求更好的居住待遇的，要求增加供水点的，增加养老金的，增加幼儿园设施的——在那个年代，这些问题非常复杂、非常棘手。"

　　最为敏感的信是囚犯们写来的要求重审案子的信。蒂姆楚克记得有一封信是个年轻人写的，他初犯法律就被严判。"加加林说：'我该怎么办？我应该帮他，如果我们帮忙事情会简单一些。如果我们不拉他一把，他的后半生就毁了。'他四处奔走，找了很多人。他确实在努力，我相信他最后取得了一些积极的成果。"

我们很能想象出当加加林收到如下信件时候的焦虑：

> 尊敬的尤里·阿列克谢维奇·加加林，
>
> 为空军服役 19 年的一级领航员请求您的关注。我儿子命悬于此……

> 尤里·阿列克谢维奇，苏联的英雄，
>
> 我女儿被大学拒收，因为我们家的犹太血统。求求您……

> 亲爱的加加林同志，
>
> 公民达尼尔琴科请求您考虑帮助他的女儿在家庭旅馆预订一间病号房，因为她有精神病……

叶古波夫又从档案中拿出了另外一些"典型"。"这是一封请求为库尔德家庭改善住房的信，9 个人住在 16 平方米的一间屋子里，房外垃圾成山。还有一封为公民莫拉佐娃要求改善住宿的，她有一个得先天性心脏病的孩子。还有这个，犯人雅库金说他被冤枉了，要取消判决。"加加林无论如何都以极大的耐心回复了大部分来信，甚至把最引人伤心难过的信叠进钱包来敦促自己。但如果他收到的是这样的信，就一点儿也不为所动：

> 亲爱的宇航员尤里·加加林，

请允许我祝贺您非凡的成就。我谨代表李赫特蒸馏公司请求许可用您尊贵的名字命名我们的一项最新产品:宇航员加加林伏特加。

"你给我看这个干吗?"加加林对叶古波夫抱怨,"我在它上面花了 3 分钟。"然后加加林花了半个小时给一位 15 岁的加拿大男孩的回信措辞。这个男孩恭恭敬敬地咨询加加林关于职业规划的事情。

普通人往往是通过邮件向第一宇航员寻求帮助,这是一般情况下。列昂诺夫说,加加林不管什么时候回格扎茨克看望家人,他都能在家里遇到各式各样当地的头面人物,身揣各种通关系、要政策的请求要他帮忙实现。"他给斯摩棱斯克的老邻居和各种人帮了很多忙。格扎茨克是个过气的商业城镇,但 1961 年之后又开始勃发,完全改头换面成了个现代的发达城市。"加加林的声望为家乡改变了命运。

还有一次值得一写的请求,而加加林断然拒绝。一位母亲给他写信,诉说儿子在圣诞期间在禁伐区砍了一棵冷杉,惹上了麻烦。加加林调查了此事,发现青年伐倒的根本不止一棵,而且是为了盈利。他当即建议这个青年应该被单位开除。据司机说,加加林非常生气,说:"如果每个人都去砍倒'仅仅一棵'冷杉会是什么样?那时候我们还往哪里住?终有一天我们什么也不剩了。"

列昂诺夫把加加林的态度(还有另外几次相似的事情)归因

于他从太空中望见地球的经历。"他从太空回来以后就常说世界是如何奇妙，我们要非常小心地保护它。"这几乎是我们所有人在学校里都会学到的一个常识，但这位人类历史上第一个宇航员是自己发现而萌生出了这个观点。1961 年 4 月，加加林是30 亿人类中唯一个真正见过我们的世界作为蓝色的球体在无限黑暗的太空中飘荡的人。

在加加林的坚持下，砍树的青年丢掉了工作。但对于其他困境中的人，加加林总是愿意向高层陈情。"你很难发现有谁不愿意帮他的，只要他开口。谁能拒绝他呢?"叶古波夫说。

列奥尼德·伊里奇·勃列日涅夫能。

勃列日涅夫主政的前几个月都忙于与他的共谋阿列克谢·柯西金的权力斗争之中。勃列日涅夫对科罗廖夫的态度与赫鲁晓夫类似:对技术细节漠不关心，只求在地球轨道上的奇迹。不过，计划中的"日出二号"任务深深吸引了勃列日涅夫，这项计划保证能取得巨大的成功:因为气闸舱①的运用，宇航员能够出舱进行太空行走。科罗廖夫热切地要试验这一新概念。1962 年，科罗廖夫鼓舞作为太空行走第一候选人的列昂诺夫。"他对我说，每个水手都要学会游泳，所以每个宇航员都要学会如何在太空里游泳，如何在舱外工作。"

---

① 气闸舱(Airlock)，又称过渡舱。载人航天器中供宇航员进入太空或由太空返回的气密性装置。两个气闸门一个通向太空，一个与密封座舱连接。此设计由苏联在"日出二号"上首次实现。

1965 年 2 月 23 日,科罗廖夫发射了一艘带有气闸舱的试验太空舱。因为地面信号指挥的失败,太空舱在返回时解体。几天后,从飞机上空投太空舱也失败了,因为降落伞没有打开。奥列格·伊万诺夫斯基记得科罗廖夫恨恨地说:"我受够拖着一块破布飞行了。"他讨厌降落伞,多次想设计出一种螺旋扇叶装置来取代它。他没能活着看到 1967 年 4 月另一次降落伞引发的悲剧,或许这是上帝的慈悲。这一次降落伞夺去了加加林的生命。

"日出二号"1965 年 3 月 18 日发射,时机绝好,就在美国人发射"双子星"之前 6 天。这次舱内仅有两人,腾出了太空服的空间。帕维尔·别里亚耶夫回忆当时舱内的情景,他的同伴阿列克谢·列昂诺夫挤进气闸舱,接着钻出太空舱——然后发现他的太空服在太空中胀了起来,再这样下去就不能进入气闸舱了。他使劲全力让太空服放了点儿气,这才安全返舱。

麻烦并没有结束。返航之前,别里亚耶夫发现太空舱制动的体姿不对,他马上关闭了自动导航系统——在它制造更多错误之前。他和列昂诺夫在科罗廖夫以及地面控制的帮助下在下一圈轨道时手动启动了制动火箭。这让他们的着陆点偏离预定地点 2000 多公里。太空舱降落在白雪皑皑的荒野,靠近彼尔姆——一座伏尔加河最北边支流旁的城市。太空舱一头扎进了冷杉密林中,卡在两枝强壮的枝杈之间,悬空数米。与此同时,搜救队正在 2000 公里之外。两个宇航员不得不在此度过一个寒冷的不眠之夜以待救援。他们打开舱门,但不敢离开这个发岌可危的栖息地,因为树下黑暗中不断传来狼群的嚎啼。[5]

　　以上惊险故事从未在苏联的官方报道中提及,此项任务在全球将被宣传为又一次巨大的太空胜利,特别是在尤里·马兹霍林接到了柯西金办公室的电话之后。"他们说降落在彼尔姆的事情在媒体上一个字也不准提。我虽然连那个地方什么样都没见过,我也得去每个电视台确认他们没有放出彼尔姆的任何镜头。"除去含糊其辞的部分,剩下的真相只有阿列克谢·列昂诺夫领先于美国对手完成了太空漫步。伦敦《旗帜晚报》刊出文章,报道美国宇航员扬和格里松备战"双子星"的首次发射,标题却是"赶上他们!";《泰晤士报》说列昂诺夫的举动是"一个非凡的历史时刻"。航空航天局再一次被打败。列昂诺夫太空漫步的对手艾德·怀特直到"双子星"6月3日的第二次飞行才完成了和列昂诺夫相同的动作,那已是"日出二号"飞行的3个月之后。

　　列昂诺夫还是个技艺纯熟的画家,他准备自己设计一种纪念邮票来展现他的太空行走。他兴奋地和加加林讨论了数小时两人观察到的地球在曲度上的区别。"我看到的地球要比加加林看到的圆很多。这一开始让我很疑惑,之后我才想到'日出号'的轨道高度是500千米,'东方号'是250千米,我要高得多。你看,所有事都有合理的物理解释。"列昂诺夫的设计因为保密规定而要提交克格勃宣传专家来审查。"所有事都是秘密。最后我画了一个完全不同的飞船出来,他们才满意。"

　　这次还算成功的飞行之后,"日出三号"开始计划在1966年

3月的党代会期间发射。宇航员格鲁吉·薛宁和鲍里斯·沃里诺夫开始练习完成这项雄心勃勃的任务——他们搭乘的太空舱需要和另一艘无人太空舱对接。自从科罗廖夫表达了对宇航员贫乏的太空飞行描述的失望,就连记者格洛瓦诺夫也和另外两位作家被招进了"日出号"随后的计划中。

1966年1月14日,科罗廖夫住进克里姆林医院进行一次常规的结肠手术。经年的体弱和超负荷工作,加上1938年到1940年西伯利亚劳改营经历对健康的摧残,他的身体比医生想象的要虚弱很多。在漫长而艰苦的手术过程中,无法控制的内出血和腹部两颗巨大肿瘤让他没能走出手术室。

位尊俸厚的医生没能挽救加加林的良师益友让他狂怒不已。谢尔盖·贝罗茨科夫斯基对加加林发火记忆犹新:"他们怎么能对这么重要的人物护理得如此稀松怠慢!"实际上,尤里多次说过他信不过克里姆林医院的水平。1964年6月,瓦莲金娜·特雷什科娃就在这里生孩子(她和阿德里安·尼古拉耶夫结婚后7个月的事)。加加林的理发师朋友霍克洛夫回忆加加林的合理怀疑:"他说:'政治局的老人家没人能生孩子了。克里姆林医院一个月也就接生一两回。我们得把瓦莲金娜送到一家用传送带接生的普通医院去,人家有经验。'顺带一提,他和特雷什科娃关系非常好。"加加林的愿望实现了,克里姆林医院送走了它的明星妈妈。而现在,在阴冷的1966年1月,加加林为科罗廖夫在此逝去悲愤交加。

在科罗廖夫领导苏联航空事业的岁月中,他绝口不提自己在斯大林时代遭受的逮捕、折磨、毒打、入狱等事。人们以为他是个健壮如熊的人,而不知道他的身体因为早年的伤害多处已经僵死。他不能转动脖子,如果要向后看只能转动上身;他也不能张大下颌开怀大笑。

手术两天前,他在莫斯科奥斯坦金诺区的家中休养。加加林、列昂诺夫和一群同事前来探望。当夜幕降临,大多数人都拿上大衣准备离开,科罗廖夫叫住他最得意的两位门生:"你们别走,我想再聊聊。"他的妻子妮娜拿来了食物和酒,接下去的 4 个小时,直到第二天清晨,科罗廖夫讲起了他早年的人生——一个列昂诺夫永远不会忘记的故事。"他告诉我们他是如何被抓捕,带走和殴打的。他请求喝水,他们用水壶砸向他的脸……他们要他交出一份(早期火箭计划的)所谓叛徒和谋反者的名单,他只能告诉他们没有这样的东西。"科罗廖夫用肿胀的眼睛看着他们把一张纸塞到他瘀血的手中,让他签名。之后又是一顿痛打,最后判了他在西伯利亚 10 年劳改。"尤里和我被他故事中意想不到的情节惊呆了。"列昂诺夫说。

在西伯利亚过着生不如死的日子,直到一天,他的老伙伴,著名的飞机设计师安德烈·图波列夫请他回莫斯科,请他为战争工作。他可以转移到一家不那么辛苦的专门关押工程师的地方,这里有设计室,生活条件较好。[6] 但实际上,图波列夫本人也是个囚犯。没有专人安排科罗廖夫回到莫斯科,他只有自己想办法回家。途中,饥寒交迫的科罗廖夫突然发现驶过的卡车上居然掉下一条还冒着热气的面包。"这好像是个神迹。"他对加加林和列昂诺夫说。他一路上做苦力、当鞋匠,赚来坐渡船、火车的路费。一年没有吃到新鲜的肉和蔬菜,他的牙齿开始流血、松动。一天他沿着满是尘土的铁路跋涉,一头栽倒。一个老人过来,揉碎了植物帮他抹在牙龈上,并扶他起来,面对惨白的阳光,他再次摔倒。列昂诺夫绘声绘色地讲道:"他告诉我们他看到有什么东西在眼前翻飞。那是一只蝴蝶,让他想到生命。"

沉默多年,虚弱的总设计师似乎想在自己喜爱的两个年轻人面前卸下沉重的负担。两个宇航员被听到的故事震撼。列昂诺夫说:"这是科罗廖夫第一次谈及他在古拉格的遭遇,这些经历通常都是不可言说的秘密……我们开始意识到我们的国家出问题了……回家路上,尤里忍不住问道:为什么要压迫科罗廖夫这样的人?他明明是我们国家的宝藏。"

葬礼过后,加加林坚持要在科罗廖夫家住一晚。据格洛瓦诺夫说:"加加林说:'我要把科罗廖夫的骨灰带上月球,否则此生难安。'在火葬场,他让弗拉基米尔·科马洛夫在下一次飞行任务返回时把科罗廖夫的一部分骨灰撒向空中。虽然在东正教传统中一个人的骨灰不允许分开。"骨灰是否被带上了太空并不清楚,但格洛瓦诺夫坚称在火葬场骨灰就不见了好几把。"科马洛夫确实撒了一些。加加林和列昂诺夫各拿走了一些。"

科罗廖夫的死标志着加加林人生的转折。他更加疯狂地要重返太空,甚至月球。他要重振旗鼓,重新自我约束,以极大的热情攻读文凭。他的努力感染了卡马宁,后者允许他作为"联盟号"首次任务的替补进行训练。这让加加林成为了其他几个宇航员的直接竞争对手和冲突对象。著名航天史学者詹姆斯·奥伯格说:"加加林和另外一两个宇航员的冲突记载不多,可能是人们不爱谈这些。总之,加加林运用了自己的职权和声望。"[7]

第十一章　跌落地面

宇航员们大都欣赏加加林的幽默、慷慨，平日好与他喝酒聚会，敬他为航天事业的领军人物。许多人都渴望着他能重返太空，只有一个人有不同看法。

格鲁吉·季莫费耶维奇·贝列格沃伊出生于 1921 年 4 月，是岁数最大的宇航员之一。他是 1963 年时从 1959 年的落选名单中再次选出的宇航成员。在所有宇航员中，只有他和帕维尔·别里亚耶夫（"日出二号"任务中列昂诺夫的指挥官）可以骄傲地宣称自己的飞行员战绩——他们参加过真正的空中战斗。贝列格沃伊在二战中对德执行飞行任务 185 次，获得了无比荣誉的苏联英雄勋章。1950 年他转为试飞员。他报名宇航员时胸有成竹，可偏偏没能中选。1964 年，他获得了"日出三号"后备宇航员的训练资格，他再次自信地认为下一次太空任务非他莫属。卡马宁也对二战老兵青睐有加，给予他极大支持。

科罗廖夫故去后，他的副手瓦西里·米辛接手第一特别设计局。他正直、有抱负，但他缺少前任的政治影响力和天生的圆滑。[1]"日出三号"计划进行得很不顺利，他通盘考虑之下决定取消。米辛决定把设计局的全部精力投入到"联盟号"以及棘手的登月推进器 N-1 火箭的研制上去。

贝列格沃伊希望自己的后备身份能够转移到下一次的任务——"联盟号"的首次载人试验中去。这时加加林却利用自己宇航员训练中心副主管的身份主动请缨。贝列格沃伊公开表达了不快,最终闯进加加林的办公室当面对峙。加加林的司机蒂姆楚克不巧踱进办公室听到了两人的争吵。"这个人成名已久,但始终没有上过太空。他对加加林说了一些极其难听的粗话,说他年纪太轻,不配当苏联的英雄,而且说他是个骗子。他管加加林叫暴发户。加加林回敬说:'只要我一天在任,你永远也别想上太空。'他们吵了有不短的时间。"

双方都有错。贝列格沃伊不能天然地转为"联盟号"的备选,尽管他自己坚信如此。"日出号"的结构和"联盟号"完全不一样,他在前者上的训练完全不适于后者。并且,他不能把自己不济的运气——"日出号"计划恰恰在他上太空前的当口取消——怪责于加加林。从 1972 年他终于当上了太空城的负责人来看,贝列格沃伊一直就是个雄心勃勃的人。

争吵之后,蒂姆楚克战战兢兢地告诉加加林,太空城的一些高官和宇航员想借用加加林的公务车,蒂姆楚克不敢拒绝。"他一拳砸在车上,说:'我们这里只有一个指挥官,只有他才能调配这部车!'言下之意除了他,谁也不能。汽车引擎盖上留下了一个小坑,看得出是动了真怒。"蒂姆楚克坚持认为,这次发作并不是加加林的本性,是因为压力过大,不是小气虚荣。

格洛瓦诺夫说:"这个时期你能听到宇航员说:'加加林又怎样?他所做的不就是盯着"东方号"的自动系统,环绕了地球一圈吗?'是的,这说得没错,但他们别忘了,加加林那时所有的航天工业都是从零开始,他所做的一切都是极其重要、需要勇气的,没人知道会发生什么。那时甚至不知道人类是否能忍受在太空的状态,是否能忍受失重。责备加加林,他们大错而特错了。"

这些窃窃私语当然不可能出于最初的 20 人小队,而来自"联盟号"新吸纳的宇航员。科罗廖夫的死不仅让加加林失去了良师益友,也让他失去了航天圈子的政治庇护,就像赫鲁晓夫的下台,把他完全暴露在克里姆林宫将军们嫉妒心的炽热烘烤之下。他需要超乎往常的努力才能保持住自己的地位,这种紧张感磨损掉了他旧日随和的品性。同时,米辛管理下的第一特别设计局的地位也急剧衰弱。他不能像科罗廖夫那样顶住来自克里姆林宫和航天业同侪的压力。

突然之间,美国航空航天局宏大的登月计划暂停了。1967年 1 月 27 日,"格斯"·格里松以及同舱艾德·怀特和罗杰·查菲一同登入起飞预备状态的"阿波罗号"。"阿波罗号"置于"土星"火箭顶端,这枚火箭只有正常的一半大小。这是一次例行预演:他们会倒计时,会把所有系统操作演练至最后一秒,除了点火。整个发射台气氛低落,直至演练开始亦是如此,因为这艘新飞船没能达到预期,电路和通讯系统的细节工作都不完备。宇航员把一个发霉的柠檬插在阿波罗的复制品上以示对整体设计的不满。查菲进入舱内准备开始演练时,他抱怨里面有一股牛奶的酸臭。他们一致认为里面的环境控制设备正在发出焦臭味。接着是无线通讯出了毛病。格里松生气地说:"如果我们在地上都不能通信,那我们在太空里又怎么可能!"技术员锁上"阿波罗号"沉重的舱门,3个宇航员被封在里面。这时,肯尼迪发射场的气氛紧张到了极点。

预演进行到第 5 个小时,格里松变了调的声音出现在嗞嗞啦啦的无线电里:"舱里起火了。"几秒过后,另一个声音(可能是怀特)慌张地说:"嘿,我们里面烧起来了!"接着是一阵痛苦的叫声,无线通讯断了,只留一片嗞嗞声。突然太空舱的侧面开裂,恐怖的呼啦一声,发射塔被包裹在厚重刺鼻的浓烟和火焰之中。发射台顶端的工作员拼命想救出里面的宇航员,但浓烟和高温阻止他们靠近。花了整整 4 分钟,"阿波罗号"的舱门才被打开,3 名宇航员全部死亡。[2]

悲剧让人想起 1960 年瓦连金·邦达连科在密室中的死亡。因为苏联航天业的保密,美国航空航天局也不可能从 1960 年的事件中吸取到什么教训。

航空航天局进入了长达两年的停转期。因为死亡事件,航空航天局的自信心、技术名誉和政治声誉严重受损。苏联宇航员对美国同行的悲剧物伤其类,他们获得了允许向遇难者家属发去了官方的慰问。勃列日涅夫和米辛由此萌生了在航天业再次甩开美国的想法。

苏联巨型 N-1 登月推进器的研制进展缓慢,连士气低落的美国人都不把它当成威胁。1967 年 3 月 2 日的国家情报评估文件对 N-1 火箭的评价如下:

> 几大因素制约苏联人赶上"阿波罗号"的时间表……他们的登月飞船在 1968 年中期不可能进入测试阶段,而那时我们有望在真正登月之前已经进行无人测试长达一年了。与此同时,他们仍然还需测试轨道交会和对接技术。[3]

登月返回还远不是米辛和他饱受围攻的设计局当前所能顾及的事,但是一项更简单的凡尔纳式的绕月飞行倒是可以考虑,这项飞行不需要巨大的、从未飞行过的 N-1 火箭。科罗廖夫航天业的老对手格鲁什科和切洛梅研制了一种叫"质子"的火箭——比 R-7 更为巨大、强劲,但又不足以同时搭载登月舱和返回舱。米辛面对艰难的选择。如果选择"质子"火箭做绕月飞行,那么无疑将牺牲 N-1 火箭和登月舱已有的成果;但如果他真的能抓住美国人沉浸在阿波罗大火悲痛之中的机会,完成绕月一周的话,今后美国人再搞出月球行走也只能屈居第二。心中有此诱人的计划,新型"联盟号"太空舱开始赶制,N-1 火箭计划也就越落越远。科罗廖夫老对手的触角也就伸进了第一特别设计局。

宇航员队伍的训练当然也受到这些复杂因素的影响。列昂诺夫开始训练一个小队用 N-1 火箭搭载登陆舱做登月训练。同时另一个小队训练用"质子"火箭搭载加长、改进自"联盟号"的"探测器"做绕月飞行训练。同时,还有一支队伍,包括加加林,在训练最基本的地球轨道飞行,但是把"联盟号"组装在标准 R-7 火箭上。对比美国航空航天局的"阿波罗计划",苏联的计划散乱、分裂、矛盾。特别是没有了科罗廖夫的统率和管理。

1967 年春天,"联盟号"进行到关键的首飞时刻。4 月 22 日,苏联宣传部门自信满满地主动泄露了一些流言给一家国际新闻媒体——美国合众国际社。"即将到来的计划是苏联航天史上最精彩的冒险之举:两艘飞船在飞行中对接,并交换人员。"但卡马宁的脑中萦绕着不确定的怀疑。他的日记多少暗示了"联盟号"发射日程提前是政治压力所致:

> 我们必须坚信飞行是会成功的。这次比以往任何一次飞行都要复杂,所以准备工作比任何一次都长……我们不想匆忙推进计划。欲速则不达,就像去年 1 月三个美国宇航员那次事故一样。[4]

卡马宁的焦虑预示了不幸。列昂诺夫说:"'联盟号'的首次载人飞行交给了弗拉基米尔·科马洛夫,尤里·加加林是他的候补。还有另一艘'联盟号'是给尤里下一次任务准备的。他苦练了两年,训练进展都详细报给了国家委员会。接着科马洛夫飞行了两天(具体来说是 27 小时),遇到了大问题。"

计划是科马洛夫上天后一天,再发射第二艘飞船。第二艘飞船上有 3 名宇航员:瓦莱里·毕科夫斯基、叶甫根尼·赫鲁诺夫和阿列克谢·叶里塞耶夫。两艘飞船应该接驳在一起,赫鲁诺夫和叶里塞耶夫按计划出舱行走进入科马洛夫的飞船,坐在留给他们的座椅上。这样就又产生了一个纪录——坐一艘飞船起飞,乘另一艘回来。这是为了今后登月演练的。"联盟号"到目前还没有发展出气密连接通道,所以交换宇航员的唯一方式是太空行走,以后的登月也计划如此。

看来勃列日涅夫当局非常希望这次太空接驳在五一劳动节左右进行。1967 年在共产主义者的日历上具有特殊意义——这是 1917 年十月革命的 50 周年。并且,两艘太空船在轨道上的"联合"具有高度的象征意义,这对于一个迷恋仪式和象征的政权来说极其重要。在"联盟号"科研小组中负责隔热层研究的工程师维克托·叶夫西科夫 1982 年在加拿大的住所承认,瓦西里·米辛和他的第一特别设计局遭受了沉重的政治压力,要求他们按时送"联盟号"上天:

> 一些发射纯粹是因为政治宣传而安排。比如,为了庆祝 1967 年的国际团结日,倒霉的弗拉基米尔·科马洛夫就要上天……设计局的管理层明知"联盟号"毛病丛生,还需时间来解决,但党内不顾之前四次无人测试暴露出的问题,要我们按时发射……瓦西里·米辛认为我们并未准备好,拒绝在同意发射的文件上签字,但飞行仍然要继续。[5]

飞行的日期一天天迫近,设计局的技术员已经掌握了飞船还有 203 处独立故障需要解决。尤里·加加林当时就在评估人员之列。[6]1967 年 3 月 9 日,他和同事在工程师的帮助下完成了一份 10 页的正式文件,详细列出了每一项疏漏。真正要命的是,没人知道该如何解决。在苏联社会中,听到坏消息的人总是加罪于带来坏消息的人。除了米辛,还有 50 位高级工程师知道或参与拟订了这份报告,但没有一个人有勇气履行职责:带着报告去克里姆林宫,要求勃列日涅夫淡化此次飞行的象征意义,并给予充足的时间改进太空船。

宇航员和行政人员最终采取了一个老办法。他们委托了航天领域之外的无党派人士充当信使——加加林的克格勃朋友维尼亚闵·鲁塞耶夫。

"科马洛夫邀请我和我妻子到他家做客。"鲁塞耶夫说,"临别他送我们出门,他直截了当地对我说:'这次上天我回不来了。'我明白了事情原委后问他:'如果你这么肯定此去一定是牺牲,为什么不拒绝任务?'他回答:'如果我不去,他们会派候补去。候补是尤拉,他就会替我去死。我们得照顾好他。'……科马洛夫说他完全了解自己的境遇,说着流下了眼泪。他在妻子面前刻意克制情绪,但我和他独处时他整个人几乎完全崩溃。"

鲁塞耶夫凭一己之力回天乏术。一夜无眠,第二天回到卢比扬卡的办公室,他突然决定去找他的上级康斯坦丁·马哈洛夫将军。"马哈洛夫的部门处理的是航天部门人员的问题。他以前和科罗廖夫亲密地共事,但科罗廖夫走了,米辛又完全不是前任那样的人。我部门的人为这件事也做了很多工作,但米辛根本没法打交道,特别是上级的死命令已经下达。他总是需要别人给他建议……我去了马哈洛夫的办公室,告诉他火箭出了很严重的问题。他说:'我得做点儿什么。你今天不要离开桌子半步,一秒钟都不行。'我照他的话去做了。我回到办公室,很快他又叫我去。这次他交给我一个信封,是加加林发起的小组写的。大多数宇航员都参与到这个工作中来了。马哈洛夫让我拿了信上楼,去找第三总局局长伊万·法迪耶金。"

这封信包括一份总述和那 10 页的文件,细数"联盟号"203处硬伤。鲁塞耶夫说:"我没有看。我也没有时间看。"其实可能的是,他身为克格勃的直觉警告他对这份文件看哪怕一眼都是极其危险的。法迪耶金出于同样原因飞快扫视过一遍,决定回避责任。"我并不懂这些专业问题。"他支使鲁塞耶夫去找卢比扬卡大厦里一个更危险的人物:格鲁吉·钦涅夫。

钦涅夫因裙带关系与勃列日涅夫私交甚笃。二人在二战期间也曾并肩作战。如果有人能够直接将信息上达第一书记手中,这人就是钦涅夫。不幸的鲁塞耶夫,事情没这么简单。钦涅夫因其在克里姆林宫的这层关系,在克格勃内部青云直上,所以他不愿因为一些不快干扰了和谐的关系。"他一边读信一边抬眼看我,察言观色判断我是不是读过了信。"鲁塞耶夫说。他强烈地感觉到钦涅夫早已经知道这份文件的存在,并且对其中的技术细节丝毫不感兴趣。"他像一头鹰一样盯着我,突然问:'你愿不愿意升职到我的部门来?'他甚至许诺给我一间更好的办公室。"

鲁塞耶夫处境不妙。钦涅夫企图用升职收买他,同时把他安置到一个更易于监控的位置。如果鲁塞耶夫接受,他就将失掉帮助科马洛夫和加加林的所有机会。另一方面,如果他拒绝钦涅夫的条件,其结果不堪设想。"我认为这就是一个骗局。我非常生气,但不能表现出来。我小心翼翼地拒绝了钦涅夫,说我不能胜任他那里的工作。"

钦涅夫掌握了这份文件,再也没有在任何地方公开。数周之内,法迪耶金因为看过这份文件,调任驻伊朗的一个低级外事办事处。马哈洛夫被立即开除,得不到任何养老金。钦涅夫接管了整个反间谍部门。鲁塞耶夫不再负责任何与航天有关的事务,调任无足轻重的人员培训部门,调离莫斯科,远离卢比扬卡。"这之后,我夹着尾巴像个隐士一样过了10年。"鲁塞耶夫说。

*　　　　　*　　　　　*

1967年4月23日清晨。和原定计划一样,拜科努尔的发射架上"联盟号"蓄势待发。科马洛夫已经作好了坐上发射架升降梯前的所有准备。和"东方号"发射时不一样——那时的替补宇航员会和首发一同乘车来到发射架下,眼看着他们更为幸运的同侪缓缓升上火箭顶端——此时已经不作如此安排,后备宇航员在发射前一天就解除了任务。只是这次,科马洛夫不是那个幸运的同侪。加加林似乎忘记了程序已经更改。记者格洛瓦诺夫注意到加加林举止怪异。"他要求也穿上太空服。显然科马洛夫的状态非常适于飞行，而且离发射也就三四个小时。但他突然爆发，要求这要求那的，异常执拗。"格洛瓦诺夫没有意识到这不是一时的举止失常。鲁塞耶夫和其他人认为，加加林此举是在奋力取代科马洛夫救他一命。

格洛瓦诺夫说法的问题在于，科马洛夫此行的任务不用穿太空服，所以他的替补加加林也不用。"联盟号"前舱两端各有一个气密舱，都能用作气闸舱。第二艘"联盟号"的两名太空漫步者需要穿太空服，但科马洛夫不需要。那么加加林为什么要穿太空服呢？另一种现实一些的解释是他希望科马洛夫穿上太空服，给他多一些安全保障。但这种说法也有问题。维生系统是一个整体，太空服需要和太空舱连接，而不是像外套一样穿上就能奏效。还有种观点认为加加林没有任何清晰的计划，就是蓄意地破坏准备工作。不管清晨的更衣间到底发生了什么，一段发射前的录像显示，科马洛夫满面愁云，加加林垂头丧气，技术员情绪低落。

科马洛夫飞上轨道的同时问题就来了。两片太阳能电池叶片中的一个拒绝正常工作，导航电脑缺电。得知科马洛夫出了故障，载着叶里塞耶夫、赫鲁诺夫、毕科夫斯基的第二艘"联盟号"马上取消了发射，也有说法是米辛无限期推迟了发射。绕地28圈（26小时）后，科马洛夫的问题还是没有解决。行动指挥决定在下一圈终止任务。科马洛夫却很难操控舱体返回，他怒道："这艘该死的船！没有一样我操作的东西是正常的！"

和"东方号"不同的是,"联盟号"下侧非常扁平,以便提供更大的空气升力。这一点和"阿波罗号"相似,但缺点是回程时需要更精确的角度控制。而这时导航系统完全不能工作,科马洛夫不能让飞船保持稳定一致的角度。一当飞船开始螺旋下坠,他马上点燃控制体姿的喷气口让其不致失控。不幸的是,设计师让推进器和星象跟踪仪探头挨得很近,精密的镜头完全不能从随机的反射中分辨出星象的位置。科马洛夫掠过地球的黑夜半球,寻找着更加明显的参照物,他甚至在绝望中以月球为参照来校准位置。[7]

　　科马洛夫和地面控制台的对话流传了许多年。这是美国国家安全局人员在近伊斯坦布尔的空军基地接听到的无线信号。1972 年 8 月,一位化名温斯洛・佩克(真名是佩里・菲尔沃克)的国家安全局前分析员在接受采访时透露他们截获了触动人心的对话:

　　　　他们在科马洛夫死亡 2 个小时前就知道了一切问题,并一直试图修复。我们录音(对话),之后听了很多遍。柯西金接通了和科马洛夫的视频对话,柯西金哭了。他说他是个英雄……这个家伙的妻子也接通进来说了一会儿。他告诉妻子如何处理后事,如何照料孩子。这太糟糕了。最后几分钟里,他被摔成了碎片……奇怪的是,我们听过之后都很伤心。我们靠这个方式把俄国人还原为人。你花时间研究他们、监听他们,你很快就会比了解美国人更了解他们。[8]

当科马洛夫以坠落的方式进入大气层，他知道自己已临万劫不复的境地。土耳其的无线监听截获了他扑向死亡时愤怒绝望的叫喊，他咒骂着把他送进这艘千疮百孔飞船的人。不过据菲尔沃克说，他"最后的叫喊"的说法不过是夸大之词。

科罗廖夫"拖着一块破布飞行"的无心之言竟然一语成谶——"联盟号"的降落伞没有打开。小号减速伞打开了，但主伞未能弹出——又是一个设计缺陷。接着开了备用伞，只是它与减速伞缠在了一起。已经没有任何东西可以让太空舱减速了。载着科马洛夫的"联盟号"如同一颗2.8吨的陨石坠毁在奥伦堡附近的草原。太空舱摔成了扁平状，减速火箭在撞击中爆炸，最后的残骸也被烧焦。

搜救队企图用手捧着湿泥来扑灭火焰。他们传回总部的信息歪曲可笑，但同时令人伤感：宇航员的某些部位"需要紧急治疗"。即便科马洛夫的某些残肢还能被辨认出来，它们也不大可能接受治疗了。鲁塞耶夫说在骨灰中确实找到了一段脚后跟骨。

这是苏联首次在太空飞行中的宇航员死亡事件，带来了巨大的震惊。事故的真实原因毕竟纸包不住火，虽然苏联当局仅仅承认降落伞出现了故障，起飞前很长时间就有的一系列设计、准备缺陷就按下不表了。这次轮到美国航空航天局发来了唁电。两大霸权认识到，对于宇宙来说，无论国籍、阵营，苏联和美国都是冒着相同危险的闯入者。

科马洛夫死后 3 个星期，加加林和鲁塞耶夫在家中会面。加加林不在任何一间房里说话，因为他怀疑屋里有窃听器——通常藏在墙体里、灯具里和电话里。电梯和门廊也不安全。所以两人在楼房的楼梯井里上下走动，希望干扰窃听者。

1967 年的加加林已经不是 1961 年的加加林了，他不再乐观，不再无忧无虑。科马洛夫的死让他背上了沉重的负罪感。"他告诉我，他们为了阻止这次飞行做的大量调查。"鲁塞耶夫说，"他说结果本应该反映给老板（勃列日涅夫）的。他向我解释了他们为什么要让我来充当信使。我告诉他我的遭遇……他提醒我'隔墙有耳'。避开电梯是尤里的主意。肯定有人告诉过他我家里有窃听器……有一天凌晨 3 点，我妻子叫醒我，我们听到排气格栅后面有沙沙声，那里正是他们安装窃听器的地方。从此我就对这件事深信不疑。每想到这个我就气不打一处来。他们怎么能对自己的探员这样？我认为这就是苏联社会的本质。到处都是窃听器。"

加加林有一次说："我该个人去见一见老板。你觉得他会见我吗？"

鲁塞耶夫说："我很惊讶他会问我这个。我说：'尤里，你才是那个常常在列宁墓顶和他并肩而立的人啊。你现在居然问我他会不会见你？我甚至从没和这个人握过手。'

"'是的，但我从来没有和他谈过严肃话题。他之前只是想从我这儿听些我出国听说的黄色笑话而已。'"

加加林没能见到勃列日涅夫，没有当面劝说他放弃科马洛夫的飞行，这让他陷入了深切的痛苦。就像今天鲁塞耶夫所说："加加林和赫鲁晓夫的关系确实没得说，但他和勃列日涅夫就差远了。如果别人不需要你，拎着热脸往上贴是很难的。"

　　在加加林结束谈话离开之前，他悲愤到了极点。"我要去见他（勃列日涅夫）。如果让我发现他明知情况还听任这一切发生，那时我就知道我要做什么了。"

　　鲁塞耶夫接着说："我不清楚尤里脑子里想的确切是什么。或许是朝他脸上狠揍一拳？"

　　鲁塞耶夫提醒加加林在勃列日涅夫的事上一定要多加小心。"我告诉他：'你在采取任何行动之前一定要告诉我，我会给你一些意见。我提醒你，一定要非常小心。'但我早就不管航天这一块了，我甚至不在莫斯科，所以我能做的极其有限。我不知道他后来是否去见了勃列日涅夫，自从我不在他身边指导他我就心生了罪恶感。"

　　还有一个说法，加加林有一次撞见了勃列日涅夫，泼了他满脸饮料。

　　加加林为科马洛夫悲伤——他是个有能力、讨人喜欢的宇航员。同时加加林继续努力重回太空，但上级决定让他退出之后的太空飞行，这让他极为失望。列昂诺夫说："科马洛夫出事后，国家委员会决定尤拉不再上天，因为'联盟号'的问题需要解决，大概需要两年来重新设计。"

发射计划的延误和对失去加加林的恐惧导致了他的禁飞。
贝罗茨科夫斯基犹豫再三,终于同意禁止第一宇航员参与今后
的任务。他清楚加加林希望登月的迫切心情,他说:"(可能的登
月计划的)最佳候选人是阿德里安·尼古拉耶夫。科罗廖夫临
终前告诉我尤拉可能不应该再飞了。尤拉位置特殊,他是宇航
员训练中心的副主管,工作已经开展起来。一个训练中心的管
理人员自己还要上天,这有点儿不合常规。"

加加林因为这个决定更加消沉。他写信给国家特别委员会
抗辩:"我不能不上天。如果我停飞,我将没有资格指导和带领
航天业的人员。"

加加林最喜爱的理发师霍克洛夫以劳动人民的直率和智慧
评价道:"尤里不飞行就活不了。这是他人生的全部。一个人不
能没有自己的活计,不然他就活不了。"

1968 年 10 月 26 日,重新设计的"联盟号"成功地完成了所
有任务。这一次,那个猛烈批评加加林的人,格鲁吉·贝列格沃
伊是舱内驾驶员。

科马洛夫的死和加加林禁飞的真相至此水落石出,大部分
西方分析家至此才知道加加林的事业出了问题。不过早在 1982
年,美国太空作家詹姆斯·奥伯格就在他开创性的著作《轨道上
的红星》一书中写道:

> 截至尤里三十四岁殒命之前,他从一个英俊、自负的飞
> 行员变成了一个半神的人物,供人朝拜、模仿,并免于一切

风险，直到他突破保护墙的努力稍稍越过了界限。

加加林更加沉溺声色。失望的卡马宁记录道："科马洛夫死后，加加林被排除在所有太空飞行之外。他经历了剧烈的个性转变。"

1968 年 3 月初，加加林生命的最后一个月，为宇航员建造的舒适的宿舍终于在太空城落成。列昂诺夫还记得几场疯狂的宴会，或许是想忘记科马洛夫的惨死。"我们最常去的是加加林的宿舍。我们之前住在契卡洛夫斯基空军基地，打那儿起我们就有串门聚会的传统。规矩是这样的：如果你迟到了，你就得上身脱光去冲个冷水澡，头还必须埋在水里。大名鼎鼎的人物都不能例外，因为这就是规矩！这是尤里定下的规矩，意在冰水浴之后必须喝一大杯伏特加暖身，这样才不会感冒。问题出现了，每个人都故意迟到。"

客人中有著名建筑师科马洛夫斯基——莫斯科国立大学的尖顶主楼就是他的作品。1960 年宇航员失重训练用的电梯也在那里。用以招待他的是古代农民表达好客的方式——在路途中放置必要的食物以款待旅人。现代俄罗斯人也这么做，包括"和平号"空间站的宇航员。[①] "我们把科马洛夫斯基带到顶楼，那里有一些面包、盐、伏特加。"列昂诺夫说，"从 11 楼到 10 楼有更多的面包、盐、伏特加，每一层都有。科马洛夫斯基和其他一些名

---

① "和平号"空间站的宇航员在返回前都要留下面包和盐欢迎下一机组的人员。

人最后说：'我们一辈子见过很多壮丽奇观，但从没见过这么多面包和盐！'不管如何，这是我们感谢建造我们宿舍的人的方式。"

对加加林来说，这些聚会缓解了焦虑。卓娅回忆，当他回到格扎茨克，内心深处的恐惧偶尔会浮上表面：

"这是真的。12月5日，他总是在一年中这个时候回家看我们，然后去打打猎。当他准备再次离开，妈妈有些心烦意乱，我记得尤里说：'这个世界上所有人都朝我要东西。我经常帮助不认识的人，但你从来不管我要任何东西。你从来不告诉我你需要什么。'瓦娅和女孩儿们（列娜和盖娅）已经在车上等候，我能感觉到尤里不想离开我们。我觉得他一直在担心什么。"

第十二章　残骸

20世纪 60 年代的美国宇航员对自己的飞机驾驶技术是颇为得意的。他们的雇主美国航空航天局提供一切机会让他们磨练空中技艺,他们可以随意驾驶诺斯罗普 T-38 教练机往返于得克萨斯、佛罗里达和亚拉巴马三州的基地。在航天时代,快捷、轻便的飞机就成了如同公司大巴一样的交通工具。

比较起来,苏联宇航员日子就苦了些,他们的飞行时间比在空军服役时大幅减少,不论以前的飞行技术是多么出色,他们都禁止单独飞行。虽然离太空城不远的契卡洛夫斯基空军基地就有便利条件,但宇航员很少能用上飞机。给太空城配置飞机历来就是件多方讨价还价的事情:很多硬件设施是要多方争抢的,比如和空军。前宇航员、卡马宁退休后的训练主管弗拉基米尔·沙塔洛夫描述了太空城申请新飞机的艰难:

我们要竭尽心力才能解决一个简单明了的问题。比如,我们需要三架飞机,用途很明显——但不,如果你想得到批准,你就得绕个大圈子,财政部、航空部,一个接一个地跑。时间就这么白白浪费……应该如此吗？最复杂的太空飞行问题也比地球上的行政程序简单。[1]

所有飞行员每年都必须飞够一定时间才能保住他的飞行执照。太空城的宇航员要想达到这个最低标准，就得互相组对驾驶苏联兵器里最老旧的米格-15UTI 双座教练机。最早的单座米格战斗机（发动机设计来源于劳斯莱斯公司）列装于 1947 年。整个 50 年代它们是世界最强的空中利器，但接下来的 10 年它们就走了下坡路。海外的共产主义盟国仍然大量购买，但苏联空军自己已经换装更先进的飞机。自科马洛夫遇难后，加加林太空禁飞，他就希望能成为最新式飞机的驾驶员。但在此之前，他要补上很多飞行课。

他是世界上最出名的飞行员，却不是最出色的一个——证据在如今太空城的博物馆就能找到。那里保存着大量加加林的生活用品，他的飞行日志是最为宝贵的藏品，但读来却能发现一些问题。1959 年年底，他加入第一支航天小队时，飞行时间总计为 252 小时 21 分钟。其中单独驾驶米格-15 的时间只有 75 小时，先在奥伦堡，后来是在摩尔曼斯克的尼科尔空军基地。

虽然同在一个飞行大队的其他宇航员都有 1500 小时左右的飞行时间，但对一个事业刚刚起步的年轻中尉来说这还不算特别糟糕的成绩。如果他想在空军有所建树，在成为战斗机王牌驾驶员之间他需要加紧补足飞行时间。但他被太空城招募为宇航员，彻底失去了机会。从 1960 年到 1968 年他的全部航天生涯,仅有 78 小时飞机飞行时间,没有一次是单独驾驶,平均一年不足 10 小时。

　　1968 年 2 月 18 日加加林终于拿到了茹科夫飞行学院的毕业证,这一意义重大、悬梁刺股才得到的资格将对他的事业前景(至少是地勤方面)助益不少。这时,他太空城的直接上级尼古拉·卡马宁的权位因为科马洛夫事件受到了威胁。虽然他不对造成空难的硬件疏漏负直接责任,但他是签署同意飞行的领导之一,为此人头落地也不鲜见。加加林此时突然有了晋升将军,并且接替卡马宁任训练中心主管的可能性。他担心的是如何在手下宇航员面前保持尊严,因为他们很多人在驾驶上比自己有经验得多——贝列格沃伊此前就毫不客气地指出过这一点。

　　《消息报》记者鲍里斯·科诺瓦洛夫说:

　　　　这特别奇怪,每个人都认为宇航员是职业飞行员,但他们的飞行时间很少。加加林当训练中心副主管的时候,他是坚定的主飞一派。有一个宇航员叫弗拉基米尔·沙塔洛夫,他飞过所有的战斗机机型,但在太空城,他只能飞教练机,还必须有人机上指导。这太怪了。[2]

　　加加林努力让自己和别人重回天空,列昂诺夫认为这个愿望可以理解。"人们问:'他为什么一定要飞?'因为他是训练中心副主管,他需要当一个出色的飞行员。"换句话说,一个教人驾驶的教官自己也要擅长驾驶才能赢得学员的尊重。瓦莲金娜

1978年接受格洛瓦诺夫采访时暗示加加林当时的处境：

> 他处境困难，是否允许他飞行的决定就要作出。有人问："他就非得开飞机吗？"你得了解尤拉——对于他来说，没有飞行就不叫生活。他对飞行的痴迷难以治愈。我常安慰他"不要着急"，他却觉得受了侮辱一样，说："我怎么能主管别人训练而自己不会飞呢？"[3]

1968年3月，加加林已经5个月没碰过飞机了，他找到弗拉基米尔·塞鲁金陪练。塞鲁金是个出色的飞行员和好教官，他年轻时参加过对纳粹的140多场空战。算上最近公开的一批他上级签署的任务书，他参加的空中作战可能达到200次。他击落17架敌机，荣登"王牌战斗机飞行员"的行列。战争结束他才24岁，是驾驶当时最新式飞机的不二人选。

1968年的塞鲁金已年近50。是不是太老了，反应太慢了？其实不然。作为试飞员，他以把飞机从绝境中拉升到安全高度著称。1968年3月12日，他驾驶着一架新型的米格试飞机，在跑道加速就要起飞之时他停了下来，认定什么地方不对劲。飞机滑至机库，他坚持让机械师检查发动机，但没有发现异样。塞鲁金再一次开上跑道，再一次加速，再一次最后时刻停下返回。在更深入的检查中发现发动机果然有异。这个故事告诉我们这是一个随时保持警惕的飞行员，人到中年感官仍然灵敏。

两周后的3月27日，加加林驾驶米格-15UTI从契卡洛夫斯基起飞,后座上是教官塞鲁金。这次飞行是为加加林驾驶米格-17作准备,这样他就能完全抛弃老机型了。

瓦莲金娜此时正在医院做阑尾手术。加加林计划完成一天工作后就去找她。

晚上7：30,特希娅·塞鲁金娜开始不安,因为丈夫弗拉基米尔还没有回家。她回忆当时：“我等了整个晚上。我打电话到他团队,每次他们都说,‘他现在不在,一切正常,他在忙’。没人告诉我发生了事情。我一夜没睡,第二天早上照常上班。然后他们告诉我机场那边可能出事了,我不太相信。我觉得如果我丈夫有什么闪失,他们昨晚就会告诉我……女儿突然跑过来,流着泪叫我：‘妈妈！爸爸死了！’之后的事我就记不清了。”

列昂诺夫是主张把直升机训练纳入章程的几个宇航员之一。为可能的登月作准备,他一直研究控制改装的直升机模拟垂直降落。3月27日早晨,他带着一群宇航员从柯萨奇机场起飞做跳伞训练。他驾驶一架大型运输机,在恶劣的天气中寻找云层的空隙好把队员放下去。云底距离地面约450米,能见度糟糕,雨水夹着雪花敲打着驾驶舱。列昂诺夫指挥第一支跳伞小组跳了出去,能见度随之骤降。地面控制台说天气不会好转,因此他带着半舱已准备跳伞的队员回到柯萨奇机场。“我们降落的一瞬间就听到两声巨响——一个是爆炸声,一个是伴随着冲击波的响声。我们好奇地想这出什么事了？是爆炸了还是坠机了？我说可能二者都有,因为这二者往往是一并发生。这两声中间间隔了一两秒钟。"

契卡洛夫斯基在柯萨奇 13 公里以外,声音被潮湿的空气阻挡之后依然清晰可闻。列昂诺夫突然开始担忧,他清楚加加林今天要驾驶飞机。他自作主张,冒雨驾驶直升机往契卡洛夫斯基飞去。一路上听见地面监控台在电台里呼叫加加林的编号:625。刚降落契卡洛夫斯基,一位飞行团团长径直过来说:"尤里的油箱 45 分钟前就该空了,但他还没回来。"

他意识到应该把自己的担心说出来。"我去了空管办公室,尼古拉·卡马宁在那儿。我说:'你可能会觉得突兀,但我得说我听到了爆炸声,还感受到了冲击波。'我能估计出声音的发生地。"

一架搜救直升机被派出,搜索莫斯科东北 96 公里外的一片区域,那是加加林的飞机在雷达上最后一次露面的地方。飞行员飞得很低,掠过一片林地时发现有黑色的泥土翻起,还冒着蒸气。能见度依然很低,他不能判断这到底是不是一处残骸。列昂诺夫说:"搜救飞行员以为冒起的蒸气是某种自然现象,但他接到降落的命令,并要他步行过去查看。浓密的树林没有可供降落的空间,他只好飞到最近的开阔地——在一座教堂附近停下了飞机。"飞行员蹒跚地跋涉过林中雪地,有的地方雪深近一米。用了一个小时到达了他看见烟雾的地方。他发现了要找的东西,赶忙回到直升机用无线电报告上级。他说,那里有个巨大的坑,翻起的泥土哪里都是,附近的树也有损伤,到处都是扭曲的金属残片。显然这里就是空难现场了,但却没有机身和发动机等主要残骸的踪迹。

加加林与塞鲁金和契卡洛夫斯基失去联系是上午 10：30。搜救飞行员进出遇难现场，向上级汇报，请求救援队是下午 4：30。灰蒙蒙的冬季，天光很快退去。搜救队终于来了，他们的强力手电筒在冬季傍晚的浓黑中显得杯水车薪。傍晚时他们发现了疑似塞鲁金残破的衣服和加加林的地图箱，但还没有找到两个人和机身的踪影。"整整一晚，两个营的士兵搜遍了树林，什么都没发现。"列昂诺夫说，"但是第二天，我们开始朝坑里深挖，我们发现了加加林的飞行夹克。显然两人就在这里，没有弹射。"

飞机的前半身因为发动机的强大动力嵌入坚硬的地面数米之深。救援队要把驾驶舱从冰冷结冻的土地中挖出来，最终发现驾驶舱已经粉碎，两个人的身体也已不成样子。他们花了几个小时，伤心地搜集着坑里的脚趾、手指、肋骨和头骨。为了方便寻找，周围的树也被砍了不少。在飞机的强力冲撞下，树干、树枝对机舱的损害尤其严重，甚至在撞入地面之前就粉碎了。

司机蒂姆楚克头天早晨送加加林来到契卡洛夫斯基，静静地等着米格返航，好送加加林回到莫斯科中心的昆次伏医院看望瓦娅。"大概上午 11 点，我们所有人都知道他的无线电断了联系。每个人都猜，说他的无线电出了问题。"但当救援队傍晚接到出发命令时，气氛一下沉寂了。"听说事故现场已经发现，我们受命晚上 8 点作好出发的准备。我们组成了一个队伍，挑了一些工具、设备就前往那个地方。好大的雪，路很不好走，用了一整晚才到。所有人都很伤心，每个人都能感觉到，不确定的感觉是最不好受的。"

清晨第一缕阳光洒下，灾难现场大体清楚了。蒂姆楚克是搜集碎片中的一员——无论多么细小和看似不重要的碎片。"最大的零件是发动机、起落架和一个机翼。其余的散碎零件被撞击力和爆炸撒得到处都是。我们就在雪里走，看哪儿有一个洞，就挖几下，掏出一块肉或者一段骨头，有时是一截手指。真是不好受。"

蒂姆楚克最不好受的时刻是空难两天后，他接上几近崩溃的瓦莲金娜·加加林娜出院回家。他头脑不清地犯了个大错，居然顺嘴提到了他们搜集加加林残肢的事。"她完全崩溃了，她完全不知道这件事。她以为他是完好无损的，或者大部分尸身是完整的。男人当然知道爆炸意味着什么，但女人怎么会知道呢？她想都没想过会是粉身碎骨的情况。我太天真了，我对她说。或许痛苦的真相要好过甜蜜的谎言吧。"

在严密的保密措施下，列昂诺夫、卡马宁还有其他一些同事被叫去辨认残肢。列昂诺夫说："他们给我看了一部分脖子，我说：'就是加加林。'为什么？因为有个胎记。星期六我们一起去的尤诺斯宾馆，找那个理发师伊戈尔·霍克洛夫理发，他经常给尤里理发，很喜欢尤里。我看到了那个胎记，大约 3 毫米宽，我说：'伊戈尔，你小心，别给刮下来了。'所以我一看到这个就知道搜索可以结束了。尤里不在其他什么地方，他就在这里。"

苏联历史上最细致的一次空难调查随即启动。虽然碎片散落很广，但两个星期之内，那架米格-15 的 95％ 的零件就都搜集完毕，以待分析。这项辛苦的拼凑工作进行的同时，两个飞行员的心脏和肌肉组织碎片也已送去化验。

苏联所有遭遇空难的战斗机飞行员的残留物都要经过标准程序的化学检验。肌肉中的乳酸含量能告诉我们飞行员在坠机时的身体状况。大量的乳酸表示肌肉处于紧张状态，说明飞行员非常清醒；少量的乳酸表示肌肉放松，可能是飞行员在超重状态下失去意识所致。这两种情况简单明了：飞行员可能会为空难负责，但名誉是保住了。还有一种可能是中等的乳酸含量，可能是持续疲劳导致走神，这时就要调查飞行员平日的工作量。最糟的可能是喝了酒。如果一个飞行员被检出因为喝酒导致事故，那就名誉扫地了。酒精含量和乳酸含量一样，都能检查出来。

出事不久就有流言说两人是因为喝醉了酒。这个谣言至今经久不衰。[4] 谣言说他们在飞行前晚参加了同事 50 岁的生日聚会，纵酒欢歌，兴尽方归。特希娅·塞鲁金娜断然否认了这种说法。"飞行前一天我丈夫 10 点钟就睡觉了。我还问他怎么这么早就睡了，他说第二天要当尤里的陪练，要保持体力。第二天一早他心情愉悦地上班去，说：'今天会是个好日子。'没想到悲剧就发生了。"

特希娅说确实有那样一个聚会，但是在空难的两天前。"星期一是太空城的同事 50 岁生日会，星期二我丈夫照常上班，星期三是尤拉飞行的日子。这是他在星期二告诉我为什么要早睡的原因。"特希娅抱怨酒醉驾机的谣言就是塞鲁金在契卡洛夫斯基基地的直接上级库兹涅佐夫将军传出的,他和塞鲁金在工作上长期不和。"他会召我丈夫去他办公室,然后让他一直在外等着。我丈夫最终就会很恼火。他来了,但库兹涅佐夫不见他,最后他只好开车回机场。"

这两人的矛盾似乎和衔级竞争有关。加加林和塞鲁金是非常好的朋友,特希娅·塞鲁金娜坚信库兹涅佐夫将军嫉妒她丈夫和第一宇航员的亲密关系。"尤拉对我丈夫说:'别理库兹涅佐夫,我很快就当训练中心主管了,一切问题就都解决了。'后来,库兹涅佐夫又造谣说我丈夫最后一次飞行期间是病了,说他得了胃炎或是胃溃疡。他一辈子都没生过什么病,造这样的谣绝对是没安好心。"

如果库兹涅佐夫用"胃炎"或者"胃溃疡"暗示的是宿醉的话,证据是站在塞鲁金娜一边的。加加林和塞鲁金的残留物样本送到了几家研究机构,一致认为,两人肌肉组织中的乳酸含量都很高,表明当时二人是高度清醒,暗示的是加加林当时正用力和飞机的控制杆较着劲。并且,二人的酒精含量都不高。

通过分析残骸还有其他发现。飞机前后两个座舱控制杆的位置都说明他们正竭力和一架任性而为的飞机作着搏斗。理论上,撞击可以使控制杆的位置变动,但从脚踏板仍然可以看出两人的一番努力,同样的,从油门杆和襟翼控制上也能得出相同结论。虽然巨大的撞击力摧毁了大部分机舱,但仍有十足的证据表明两位飞行员都在竭力抢救飞机。更重要的是,他们还用了各种正确的操作让飞机保持 20°倾斜,而不是一味慌乱地紧拉控制杆。[5]

列昂诺夫是事故调查小组的一员。他指出:"飞机不是一头撞向地面的,而恰恰是在调整姿势。最初的撞击点不是机头,而是机腹。"但下坠势头很猛,让发动机都深入坚硬的冻土好几米。从飞机以平降姿态坠地的发现中人们可以想象当时飞行员离水平降落就差让人神伤的一线之隔。

问题的关键是:飞机怎么就在空中失控了呢?显然他们没有和其他飞机相撞,否则飞机在空中就已解体,零件散落范围应该更大,也该残存另一架飞机的遗骸才对。

事故原因成谜。调查人员试着从驾驶的米格飞机的服役记录上找原因。调查委员会列出了以下信息:

1. 米格-15UTI 是 1956 年出产的旧飞机,有过两次大修。剩余使用寿命仅剩 30%。

2. 飞机引擎 DA-450 也是 1956 年出产,经过 4 次大修。剩余使用寿命 30%。

3. 两个 260 升的外挂油箱从空气动力学上减小了飞机负荷能力。

4. 乘员弹射座椅要求教官先弹射离舱。

5. 高度计损坏。[6]

飞机机翼上确实带有两个可抛外挂油箱。列昂诺夫说:"这种做法一直就有一个缺点。油箱的动态设计降低了安全性,比如迎角、滑动角和载荷都会改变。"训练时可抛油箱一般不在己方基地上空抛下。这种油箱通常随战斗机飞赴敌空,抵达后抛弃,以在当空获得最大机动性和速度。3月27日,一对可抛油箱安装在了加加林飞机的两翼,目的是训练他习惯这样的装配,本不该出任何问题,但所有的米格飞行员都知道,带上外挂油箱时模仿空战操作是严格禁止的。

总的来说,米格-15UTI 是非常粗糙的机型,给航空学员留有大量犯错的机会——装不装外挂油箱都是一样。所有飞行员都称其为"妈妈",因为大部分飞行员都是在这种双座教练机上学会飞行的。但不管这种机型有多古老,有多少次返修,至少从残骸分析没有发现在坠机前它有任何结构上的毛病。那么,是什么让一架完好无损的米格坠机的呢?调查委员会又从天气上找原因:

> 从气象图上环形等压线和目击者证词可见,那天严酷的天气越变越糟。但是,因为气象飞机起飞推迟,飞行员在起飞前没有得到准确的天气信息。[7]

显然塞鲁金被误导了。仪表也出了毛病,高度仪的指示并不正确。当云底到地面距离 450 米的时候他以为是 1000 米。当塞鲁金穿过云层下降时,他的实际高度其实只是他以为的一半。差别也就是几秒钟的工夫,但却是致命的。

塞鲁金能在穿出云层的几秒钟内靠肉眼发现他的真实处境吗？如果能,那么为什么在坠机前他们没有跳伞？据列昂诺夫说,米格最低的弹射高度是 200 米,但腹部着地的事实说明塞鲁金可能认为他马上就能重新拉起飞机,这可能是他没有跳伞的原因。另外众所周知的是,如果他想要跳伞,那么程序上会有点儿小麻烦。坠机调查后的 20 年,一位航空工程师伊戈尔·卡恰洛夫斯基写信给谢尔盖·贝罗茨科夫斯基表明他的观点：

> 按规定,米格-15UTI 必须有一名飞行学员和一名教官同时驾驶,教官坐在后座。前座和单座的米格-15 没有任何区别。弹射过程是这样的：后座的教官先行弹射,接着是前座的学员。
>
> 如果先弹射前座的飞行员,造成的喷气会影响到后座的人,使其不能弹射。然而设计师放弃了寻找技术上的解决办法,代之以"方法学"上的改变,却没能考虑到顺序的重要性。教官先走,这有违道德常理。[8]

卡恰洛夫斯基的观点是,没有一位称职的教官会先经验不足的学员一步离开处于危险的飞机。教官应该有道德义务让学生先离开机舱,然后才是自己。米格-15UTI 的安排破坏了这一高尚的传统。虽然他没有证据证明当时飞机上的人意图跳伞,但他想象了以下场景：

大可以想象这样的情况：塞鲁金作为教官命令加加林弃机，但加加林明白自己活命的同时是置这位同是朋友的教官于生命危险之中。两人都为对方着想。

　　卡恰洛夫斯基想象着两个人都不肯让步，从而浪费了宝贵的逃生时间，直至机毁人亡。事实上这样的场景过于一厢情愿，逻辑并不严密。而在弹射顺序上，米格-15UTI 的设计者其实无可选择——世界上所有双座教练机采取的都是这种顺序，原因也非常简单。如果前排飞行员先行弹射，当他向上方运动，飞机向前运动，有大约 1 秒的时间弹出的前排座椅正好在后排机舱上方不远，后排人员的逃生路线就会被阻挡，丧失掉危急时刻宝贵的 1 秒钟。并且，前排弹射座椅上的火箭包可能烧穿后排机舱，给后排人员带来危险。相反，如果后排人员先弹射，前排人员就可以安全地启动弹射，火箭尾焰喷到的只是后排的空舱而已。[9]

　　对此设计也大可不必背上道德包袱。前后两次弹射间隔可以不到半秒钟。后排教官发出命令后马上弹射，前排学员收到命令并照做，间如毫发的时间差并不要紧。

　　重要的是，废墟中找到了驾驶舱舱盖的框架。现代喷气式战机如果遇险，飞行员只要拉动座椅上的一个拉杆，精密的弹射装置就会处理好一切事情，包括抛弃舱盖。在最坏的情况下，比如舱盖还在原处，埋在舱盖有机玻璃里的爆破线会触发炸掉舱盖,座椅就能顺利飞出。但在老式米格上,抛弃舱盖和弹射是两个独立的动作。飞行员必须拉动左侧的手杆弹开舱盖,接着再弹射。这架米格上的两位飞行员显然都没有碰弹开舱盖的手杆。

找到的舱盖框架上没有残余太多有机玻璃,大部分都碎了,只有一小部分在事故现场拼回。这是整个调查中唯一直接表明有过空中撞击的物证。但如果米格在空中与另一架飞机相撞,损伤则绝不止座舱玻璃这一点。这说明有可能是与飞鸟擦刮,或者撞上了携带器材的气象气球——这就是调查委员会最终的结论,唯一有力的证据就是不见了的有机玻璃。所以,塞鲁金和加加林因为舱盖损坏失去了飞机的控制,并且再也没能重操局面。

克格勃与政府调查委员会同时进场,但他们不仅调查现场,还调查空军和政府调查委员会的成员。他们的报告和政府一样,仍然着眼于座舱这一处物证。当年克格勃调查员之一的尼古拉·卢布金今天是一名"国家安全专家",对早期航天领域与国安机构的渊源如数家珍。他是少数几个能接触到深藏于卢比扬卡的大量原始报告的人。他说:"舱盖上不见的玻璃说明在飞机坠毁之前就遭到了撞击。鸟类撞击驾驶舱前方,而不是顶部。飞机相撞损毁应该更大。情况更加类似于和气象气球的撞击。"那么,调查委员会的发现是否就是真相呢?"唯一不争的事实就是飞机落地之前舱盖就损坏了,"卢布金小心翼翼地说,"其余的都是猜测。只有加加林和塞鲁金才能告诉我们那天发生了什么。"

卢布金考虑到了调查组之间的关系。"调查委员会下分很多调查组,各自调查一块具体问题,比如有处理飞机残骸的,有调查飞行员事先准备工作的,有调查燃料和油箱安放的,有调查医学问题的,最后还有一组专门调查是否有阴谋破坏的可能性。最后这一组就完全是克格勃的职责。"这些调查往往政治敏感度高,还涉及高层人物,但问题是:这5个小组基本上互不交往。"有很多机构负责各个调查组的问题,但各组的调查记录从没综合成一篇前后连贯一致的报告。原因在于很多利益相关的机构被发现要对坠机事件负责。有些人,不管我们高兴与否,他们都在报告中文过饰非,保全颜面。我找到一份米高扬将军的报告,他是设计米格飞机的知名人物,他说他非常不满意调查组的工作方式。"

列昂诺夫和贝罗茨科夫斯基也不满意。他们认为气象气球说完全是错误的。列昂诺夫认为自己很清楚那天发生的事。"有一架飞机在云层中以非常近的距离飞过加加林和塞鲁金的米格,10米、15米,或者20米的距离。这架飞机制造的涡流把米格掀了个底朝天,导致了飞机失控、坠毁。"

列昂诺夫的飞机流体干扰说提供了可信的解释,唯一的疏漏是这种普通问题应该不至于导致坠机的严重后果。如果3月27日他们真是遭遇了涡流,塞鲁金应该不费太多工夫就能保持米格的稳定。尤里·胡里科夫少将是飞行安全局前空军总长,他认为米格-15早已经详细测试过相似的涡流情况。只要有一定的安全高度,任何中等水平的飞行员都有能力重新控制飞机。1996 年 1 月胡里科夫接受《莫斯科新闻报》采访时把空难严厉地归咎于"飞行员失误"。"如果加加林和塞鲁金遇到了涡流,米格完全能够经受,这种涡流不会对发动机产生很大影响。我想说的是,以上结论是经过了一系列严格测试才作出的……你必须理解'加加林'这个名字在那个时代意味着什么,那标志着社会主义在太空的胜利。第一宇航员好像就不会犯任何错误一样。"[10]

但胡里科夫也是为亲者讳,因为他和调查委员会的成员以及当时负责航空管制的高级官员坐在一条板凳上。而且他还忘了,所有接受涡流测试的米格-15 都是没有加带油箱的,因为带上可抛油箱的极端情况是不允许测试的——这就是军方的循环逻辑。所以没有人在加带了油箱的情况遭遇过涡流,这对深有经验的飞行员也是极其危险的。

这是胡里科夫少将不愿承认的事实。

列昂诺夫的观点还不止于此。他认为这还不是一般的米格制造出的涡流,而是全新的、高性能的战斗机产生的超音速冲击波,这种音波像一堵墙一样砸向了加加林和塞鲁金的飞机。

列昂诺夫始终坚持他听到的两声巨响来自两种现象。米格-15UTI 很快,但要超音速还差得远。在列昂诺夫所处的地方可能已经听不清遥远的撞击声了,但他认定一种声音是爆炸,另一种是超音速冲击波。

所以，另一架速度更快的战机在错误的时间进入了同一空域。但当列昂诺夫试图劝说其他调查员进一步论证这个说法的时候，"我所有的尝试都被无形的墙壁给挡回了。我理解为什么调查委员会任命了一个副司令员来领导，并且他就是那片空域地面控制的负责人。他在报告中对我的观点未置一词。这是有问题的"。

列昂诺夫非常不满，他肯定冲击波不是自己的幻觉。事故地点附近的目击者也提供了强有力的旁证，但这些证明也没有在最终报告里出现。"除了我自己听到声音，3个被单独盘问的当地人也都说他们看到一架飞机尾部着火冒烟，接着就飞入云层。这是一个相反的运动，加加林他们落地坠毁，而这一架飞机却以极快的速度向上飞走了。"目击者辨别了飞机图册，所有人一眼就认出了新型苏霍伊——苏-11超音速战机显著的外形，它和米格-15一点儿也不像。"我们知道这个区域有苏-11出没，但它们应该在1万米以上的高空。"列昂诺夫说。

神秘飞机的尾部"着火冒烟"描摹的极有可能是发动机加力燃烧室全速运转的样子。而苏-11是有加力燃烧室构造的，并且这还是个很新的技术：喷气式发动机里的增压器会再次点火以获得额外推力，从而达到超音速。苏-11最高速度可达将近两倍音速。老旧的米格-15没有加力燃烧室，它的尾气也没有显著的焰火。

神秘的第二架飞机也被出事那天当值的一位空中调度员证实。维亚切斯拉夫·毕科夫斯基告诉调查委员会，他的雷达屏上出现了另外两个光点，其中一个从东面飞来，在加加林飞机坠毁后它至少还在屏幕上逗留了两分钟。事实上，坠毁的时间难以确定。莫斯科的地震检波器在那天上午 10：31 时收到了信号，但是毕科夫斯基说："直到今天我也不相信加加林是那个时候坠毁的，因为我们在雷达上失去他是 41 分，不是 31 分。"但接着他又自相矛盾，说米格的计时器在废墟中找到，停止在 10：31。"谁知道这是什么意思？可能性太多了。或许莫斯科接收到的是另外的震动？加加林死后一年我去了太空城，导游说他死于 10：41，但一年后他们又说死于 10：31，这大不一样。"

事故发生后，毕科夫斯基和控制台的其他同事立即被看管起来，他们所有的记录都被查阅。他说："那个区域有两架飞机，我们都知道。调查委员会的长官集合我们，让我们讲观察到了什么，但是我们都被隔离，并且一个星期内都没有工作。很多人都被问到了另一架飞机的事，他们都说看到过。"

毕科夫斯基说，雷达信号的证据比较含糊不清，难以定论。因为他透露，他们的追踪设备不能持续跟踪附近飞机的位置和高度。"屏幕上的光点也是时亮时灭。如果一架飞机改变了高度，那它会在屏幕上消失 10 秒，所以雷达屏的信号不是连贯的。离基地 40 公里外的信号就收不到了。"

列昂诺夫说，调查委员会没有采信毕科夫斯基至少一架（可能是两架）其他飞机出现在他雷达屏上的证词。"这要怪他经验不足。他们带着他离开，我不知道他们做了什么。反正随后的报告就什么都没有提了。至于我听到的两声巨响，还有我采访看到另一架飞机的人,他们都认为证据不足。这就是人们对第二架飞机的事少有耳闻的原因——也就只有那个飞行员和他的良心才知道了。”

其实,第二架飞机的飞行员安德烈·科洛肖夫于 1995 年 4 月浮出水面,承认他在那个时间飞过那一区域。他对《证据与事实》周刊说:“加加林死于他自己鲁莽的冒险。他和塞鲁金改变了正常的飞行方式。”[11]科洛肖夫猜测二人偏离预定航线是为了寻找一片晴空,以便做一些基本操作的训练。科洛肖夫没有任何证据来证实自己的话,或许他有的只是负罪感。在列昂诺夫、贝罗茨科夫斯基与当局长期的斗争下,空管与米格的原始对话录音终于公布,里面显示米格远非鲁莽冒进,塞鲁金还因为天气恶劣特意把训练课从 20 分钟缩短到 5 分钟。毕科夫斯基能够不假思索地回忆起和塞鲁金的最后通话。“他们的任务已经完成。他告诉我们他做的每一个步骤,他完成了训练教学,请求飞出现在的区域。然后信号就断了。”

科洛肖夫对加加林和塞鲁金鲁莽的指认似乎不太公道,但如今列昂诺夫也不在意他说了什么了,因为列昂诺夫认为这位飞行员和他的亚音速米格-15 绝对和加加林的死没有任何关系。“米格-15 发不出我那天早上听到的轰声①。”列昂诺夫和贝罗茨科夫斯基仍然坚持,那架在雷达数据中都没有明确现身的超音

---

① 轰声(Supersonic Bang),飞行体在超音速飞行时产生的冲击波传到地面形成的爆炸声。

速苏-11 才是罪魁祸首,至少是之一。

列昂诺夫曾经也有望驾驶苏-11,他对这个从未露面的苏-11飞行员持宽厚态度。"那时他要是暴露了身份,一定会被愤怒的群众撕个粉碎。一方面他们应该公布这个信息,可另一方面,如果我们考虑后果,公布不一定明智,于事无补。"这个错误不该由某一位飞行员来承担,而是"整个体系该对加加林的死负责,整个体系,但你不能把整个体系送上法庭。你可以在道德上审判它,但你没法责罚它"。

"体系"不想被审判和责罚。调查委员会的最终报告高积如山,整整 29 册技术数据,但徒有证据确凿的外表,却没能给出相衬的结论。1968 年调查报告的中心思想就是蓄意含糊和简化,它对事故原因的说法是:"综合的原因"。而主因就是与气象气球擦刮——这个结论皆大欢喜,因为至少地面上没人承担责任。

伊戈尔·鲁布斯托夫是调查委员会中最勤奋的,他支持列昂诺夫和贝罗茨科夫斯基超音速战机涡流干扰的观点。当调查委员会从这个调查起来举步维艰的话题上移开时,他鼓起勇气来到克格勃卢比扬卡的总部直陈观点。"我也没有十足的信心。"他见到了杜金上校,后者问他为什么坚持飞机干扰的说法。鲁布斯托夫以典型俄国人的方式劝说。"我说如果调查委员会不调查(飞机险些相撞的情况),那大家一定会以为有什么不可告人的秘密,所以不如加以适当调查,来表明实际情况并不是那么一回事。"杜金上校不为所动。他的桌上打开了一册薄薄的文件,是鲁布斯托夫的履历。上校问:"你不是那么守纪律的吧?"

鲁布斯托夫突然明白他说的是二战时期,为了躲避德军猛烈的进攻,他的航空分队从斯大林格勒撤退。20 多年来从未有人拿此事件做文章。杜金此刻提及,暗示他是那个分队的一员,是怯战的逃兵。杜金无需多说,只是打开履历,让鲁布斯托夫看到那一页的内容,同时让他重新考虑一下。"后来,我就不坚持这个说法了。"鲁布斯托夫无可奈何。

列昂诺夫和同事希望得到真相。他们用了整整 20 年,1986年,贝罗茨科夫斯基终于游说成功,一个新的质询委员会成立。他有了查阅机密调查档案和原始文件的权利,包括未删节的地空对话录音。列昂诺夫从文件中惊讶地发现,一份本来由他手写的 1968 年调查委员会的文件却换了笔迹。"他们重写了这份文件,这性质等同于造假。"他的惊讶在安全专家卢布金看来丝毫不觉奇怪。"这种可能太正常不过了。这个国家要找个伪造签名的文件太容易了,很多熟手在干这一行。"

贝罗茨科夫斯基发现所有的雷达员都搞不清空难时间。"我先发现地面与加加林他们的对话有一段奇怪的片段:当加加林的飞机已经坠毁,他们还语调冷静地叫着加加林的号码 625,一点儿也不慌张。但磁带的 42 分钟时,地控人员开始紧张了,那已经是坠机 12 分钟以后了。"贝罗茨科夫斯基对地控反应延迟表示了怀疑,就算雷达反应迟钝,飞机坠毁时雷达屏幕上的光点也该消失了吧,但地控居然花了 12 分钟才明白过来出了问题。这大概解释了毕科夫斯基说的坠毁时间的差异。

贝罗茨科夫斯基还发现了很多地控程序上的失误——在即便是涂抹搪塞过的调查委员会原始报告里。比如,1968 年的标准操作应是每隔一段时间都由操作台上的镜头拍下雷达屏幕内容,但 3 月 27 日契卡洛夫斯基基地的镜头偏偏坏了,所以工作人员采用了粗糙的替代办法:他们用描图纸蒙在雷达屏幕上,每隔固定时间就标注上各目标的位置。贝罗茨科夫斯基在档案中发现这些掉色发旧的图纸被折进了一个标为"次等材料"的文件夹,好像在掩盖它们的重要性。"有太多情况是我们在 1968 年调查委员会工作时无法接触到的。我们现在认为,这两条独立的线索——录音和描图纸合起来表明了一件事:当雷达员以为自己在呼叫加加林的飞机时,其实他们是在对另一架飞机讲话。很有可能的是,加加林的飞机和另一架飞机太近了,以至于在雷达屏上看起来它们就像是一架飞机。当加加林的飞机坠落,另一架飞机还留在屏幕上。"

在恶劣的天气中,没有地面预警,另一架飞机的驾驶员甚至可能根本对惊险的擦碰一无所知。但今天,某位从那里退役的苏-11 飞行员最好还是低调做人为好。

加加林的死是一件耻辱的憾事。苏联不仅在混乱中丧失了一位国家英雄,还暴露了军事科技危险的漏洞。他们的雷达显然不能实时侦测飞机的高度和位置,更不能区分每个目标的不同。理论上,一家外国飞机可以模仿苏联飞机的路线和飞行方式就直捣苏联军事基地。1960 年加里·鲍尔斯的 U-2 侦察机被击落要多亏了它的飞行路线和其他苏联飞机大相径庭。

尾　声

一直以来有这样的流言，尤里·加加林是被勃列日涅夫谋害的。记者和加加林的亲朋也常常谈起这样的阴谋论，虽然他们总是小心翼翼地表达愤怒。但是，没有证据能够证明加加林的空难除了意外还是什么。颟顸无能的各级管理层的确对他的死负有责任，但蓄意谋杀却不大可能。真正的犯罪——至少是加加林家人认为的——是当局对他们也闭口不提真实的情况。"我父母都不知该信什么了，"瓦连金说，"我们以为是勃列日涅夫干的。尤拉每次和他一同出现在公开场合都会抢了他的风头，而勃列日涅夫又是个想博取大家关注的人……世界上没有意外，只有造成意外的原因。我不信什么巧合，这就是个局，从一开始就是。"

瓦连金最后一次见到弟弟是 1968 年 2 月 25 日，尤里取得文凭后几天。几个记者不请自来地去了尤里的住所，毁掉了当晚的气氛。"他们按门铃，我开了一点儿门缝，他们就一拥而入。"瓦连金说，"我还能怎么办？尤拉说他们是寄生虫，他在家都不得安宁。他们就开始拍照片。一个记者看到了尤拉一台日本照相机，就说：'我给你我的，你把这台给我，我补差价。'尤拉转头对瓦娅说：'我们给他点儿钱吧，让他别提这种要求。'那个记者很尴尬。"

加加林的姐姐卓娅说的就更让人伤心了："我们最后一次见尤拉是他毕业那天，2 月 18 日，他从茹科夫飞行学院拿到了文凭，还有盖尔曼·季托夫。千辛万苦终于拿到学位，尤拉非常兴奋。从那天起我们再次听到他的消息就是死讯，5 个星期后从收音机里传来。我们没有得到任何事先的通知。我们能说什么呢，我非常伤心，妈妈更是。医生给我们持续打镇静剂才能让我们冷静……对尤拉的死，也没有任何详细的官方说明，只有最坏的猜测和流言。有人害了他，这是我的感觉。"

卓娅回忆葬礼那天时做出了极不舒服的表情。"我们在那儿坐了两天，听了两天哀乐，我们都要疯了。前来告别的人流不断，哪里来的都有，络绎不绝。有时人多得守卫不得不暂时关闭入口，太可怕了。"

按照传统，在火化之前，加加林的母亲想要看儿子最后一面。瓦连金讲起这最糟糕的一幕："我们想打开棺木，但治丧委员会的头头不让。妈妈和卓娅就和他理论，所有人都开始叫嚷，最后那个头头只得由了她们。揭开红色天鹅绒布，打开棺木，那里只有塑料袋装着一些仅够分辨的残肢。有人后来告诉我棺材里的塞鲁金情况更糟。我们看也看了，就关上了棺材。哀乐再起，灵柩缓缓移入火炉。第二天，在官方葬礼上，尤拉的骨灰被放入克里姆林宫墙的壁龛里。就是这样。"

卓娅说母亲极难接受儿子的死，而且历史的残酷让她难以找到一处安静所在来平复哀思。"通常人们埋葬爱人，随着时间流逝，也就慢慢平复。但妈妈每天都会想起他，因为尤拉实在太有名，苏联各地的人总是到家里来表达慰问，妈妈 80 岁去世，我总想她是怎么熬过来的。她比我们都要难熬，我肯定。"

　　许多加加林的朋友都去他父母格扎茨克的家吊唁。贝罗茨科夫斯基回忆："我最后一次见加加林的母亲，只有我们两人时她突然问我：'尤里是被害的吗？'我大吃一惊说：'您怎么会这么想？'她说，尤里曾经对她说：'妈妈，我非常害怕。'她说她不明白他的意思，这困扰着她。"

　　贝罗茨科夫斯基解释："我不觉得加加林是担心生命受到威胁，而是另一种害怕——那个时代大家都有的害怕。我们害怕社会，害怕我们生活其中的世界。信件——绝望的信件——潮水一样涌进加加林的办公室，一切悲伤和烦恼都向他扑来，他肩负了太多的重量……任何人都能体会他的焦虑和紧张。他是个感性的人，当他爱莫能助时他是会苦恼的……他没能进入勃列日涅夫统治下苏共的精英圈子，他是个外来人，受到排斥。他们想要驯服他、收买他，但他没有让步。他过于诚实、固执、独立了。"

　　贝罗茨科夫斯基、列昂诺夫、季托夫等是加加林家乐见的熟客，但其他不太熟的来访者带来的就只有折磨。从加加林太空飞行的 1961 年到他丧命的 1968 年，父亲阿列克谢和弟弟鲍里斯几乎每天都要接待无数求于这位第一宇航员的人，或者一些人干脆就是为了见一见这位名人的家人。加加林死后，陌生的来访者依然不断，随着时间推移，阿列克谢和鲍里斯不意染上了酒瘾——他们没法拒绝各种善意的敬酒。客人带来伏特加和白兰地作为礼物，礼节性的客套却酿成恶果：1976年鲍里斯上吊自杀，如同战时阿尔伯特完成了他邪恶的杰作。阿列克谢的身体急剧恶化。

　　加加林的妻子瓦莲金娜把两个女儿抚养成人，如今在她们的照料下安享晚年。她仍然住在太空城周边一座平常的房子里，不接受记者采访。很多退役宇航员对她居所的寒酸引以为国家的耻辱，但她安于平淡。格洛瓦诺夫说："她没怎么变。赫鲁晓夫给予她大量关注，加加林飞行后还授予她列宁勋章，但她一辈子都没有戴过获得的任何奖章……她是个诚实的人，加加林也一样，没有忘记是无数工程师和其他工作人员让他飞上太空的，自己所在的金字塔顶是他们托起的。"

　　金字塔的比喻形象地刻画了加加林充满矛盾的一生。他雄心万丈，好胜心强，却能意识到自己赖以成名的事迹是千万个不能留名和分享自己荣誉的人所铸就；他是农村孩子，却熟稔工程方程；他是按部就班的技术员，却有自己的坚持；他是墨守成规的社会中忠诚的一员，却又想反抗体制；他冲动鲁莽，但在工作中却严守纪律，常为他人置自己于风险之中；他不懂政治，却在国内外展现了极强的外交能力；他曾经数夜风流，却始终没有抛弃妻子家庭。集无数矛盾于一身，他是超凡时代中的一个高尚、勇敢的人，他是一个英雄，配得上最好、最真诚的赞美。

后　记

19^{81 年 4 月 12 日}，所有的工程师、技术员、政客都凝神屏息，因为又一次伟大的冒险将在他们眼前展开。这次风险极高，如果成功，所有相关人员都备极殊荣；如果失败，整个民族将为之悲戚蒙羞。成千上万的观众齐聚佛罗里达海岸，他们观看的不仅是"哥伦比亚号"航天飞机的发射，而是在见证太空飞行又一个新时代的诞生。此时此刻正如航空航天局前局长丹尼尔·戈尔丁的描述："你呼吸放缓，心跳可闻，不自觉的肌肉紧张充满了全身。"

　　航天飞机计划在 30 年后终于结束，它的遗产和后继难以定论①。航空航天局的旗舰适应力好、助推力强，第一次实现了人类在地球轨道上长时间的停留，但它也脾气古怪，开支巨大。纵是如此，他 1981 年第一次雷鸣般地飞向地球轨道的一刻，是美国在肯尼迪航天中心那个香甜的早晨最为骄傲的一刻。

---

① 美国航空航天局的航天飞机计划于 2011 年结束，最后一艘航天飞机"亚特兰蒂斯号"的最后一次飞行是 2011 年 7 月 8 日。目前航空航天局低轨道运输已转包私人公司。

整整 20 年前,苏联的技术员、工程师和大量的克格勃头头脑脑在哈萨克斯坦荒野拜科努尔的掩体中,同样"呼吸放缓,心跳可闻,肌肉紧张"。一个年轻人坐在炮弹顶端的只能称作铁皮罐头的东西里面,等待被发射进太空。他同拧紧舱门最后一颗螺丝的人打趣玩笑,之后就被锁在里面,抛进太空,也抛向了无尽的名利和突然而至的死亡。尤里·加加林的命运由革命性的新式管线、涡轮机所主宰,而制造这些东西的社会同样在更大规模上,经历着类似的危险的技术试验。

　　太空基金会①2010 年的一项调查,评选加加林为并列第 6位"历史上最受欢迎的太空英雄"。所谓"并列",是和企业号的詹姆斯·柯克船长②。如果加加林活到今天,一定会会心一笑。我们都崇拜"阿波罗号"登月的宇航员,崇拜他们的勇气、出色的专业技能,毫不嫉妒他们退休后的优渥生活,而富有魅力、智慧、和蔼可亲的加加林正是这些年轻一代宇航员心中的英雄。他的位置人类历史上无人可代,他是第一,进入太空的第一人。

　　我们的这本书在其首次上架的 13 年后还能再版实是一件幸事。我们 1998 年第一次出版为的是纪念 30 年前加加林遗憾地英年早逝于空难(尽管阴谋论者会发牢骚,但这就是事实)。为了再次向公众传颂他的故事,并且纪念人类首次突破大气层进入太空半个世纪,重温人类发展史上某些重要的时刻是必要的。就像本

---

① 太空基金会(Space Foundation),一个支持全球宇航业的非营利性组织。
② 电视剧《星际迷航》中的人物。

书开篇提到的,没有什么能比尼尔·阿姆斯特朗的话更有说服力了:"是尤里·加加林召唤我们走上了寻找星星的道路。"

这本书的特别之处,以及它之所以是一部重要的文献,都要归功于上世纪 90 年代那些愿意和我们交谈的非凡的人们。我们的讲述几乎全部整理自和他们的谈话,他们中的男人、女人都在苏联太空计划最艰难的时刻亲眼见证过历史,他们长期沉默不语,害怕听到来自卢比扬卡的脚步声。

我们很幸运,在俄国前所未有的自由时期来到这里,这大部分要归因于苏联解体后安全机构的溃散。那是个混乱的时期,大大小小的行业包括政坛都笼罩在黑社会的阴影之下。叶利钦一次次签署奇怪的政令,在一次次酩酊大醉的间隙经历了 5 次心脏搭桥手术,同时卢布贬值得连纸价都不如。对于西方观察者来说,这是一次机会。言论自由确实来了,至少来了一段时间。曾经为高度机密的政府计划工作的人们也第一次有了开口的机会。

在这本书之前,所有关于加加林的出版物都要经过克格勃的审查。这些出版物被全世界记者传抄,制造出了一个虚假的加加林(虽然我们在参考文献中列出了一些例外,虽然我们也犯错)。他们不允许任何人说出苏联早期太空计划的缺陷和风险,不允许任何人详述加加林的生活,和他大部分因酗酒和盛名重压而犯下的错误。克格勃的媒体审查者缺乏想象力,却想象一切皆为机密,他们不明白人类身上的人性将使人更加伟大。美国航空航天局在"阿波罗"时代也犯一样的错误:他们用大规模非人的事实、数字和"发射数据"轰炸全世界,让登月也变得无聊。但即便那时,挖掘和重现"阿波罗号"宇航员的人性细节还是要比揭露苏联宇航员藏起来的故事要容易得多。

向那些宇航员、工程师、克格勃探员、加加林的家人,还有所有在那个短暂的言论开放期同我们交谈的人,我们表示深深的谢意。这个故事没有他们不可能完成,并且,当他们一个接一个地故去,这个故事再也不能从他们的口中讲出。而那些仍然在世的人,却生在一个多少有些愚蠢的、欢迎安全机构回归的社会中,再一次鸦雀无声。

在所有逝去的受访者中,我们最为想念的是魅力非凡的、谜一般的盖尔曼·季托夫。他是"差一点先生",但他多年之后终于承认,选择加加林是正确的。多少次在拜科努尔,还有我们莫斯科的住所,就着半瓶伏特加,季托夫用他和同事们往年的逸闻趣事款待我们。他和加加林或许曾为对手,但对加加林,他是有真正的爱和敬意的。对于自己,他有强烈的、诚实的自我剖析的冲动,这让本书中盖尔曼的故事同加加林一样鲜活、真实。

关于尤里,他会永远保持他在历史中理应享有的地位,无论我们如何书写他。他现在仅和柯克船长同列,但他在人类族群中真正的重要性可能才刚刚显现。我们还未出生的后代可能是太空旅行的一代,当他们散居于无限的宇宙之中,他们会感谢加加林。

杰米·多兰　皮尔斯·比佐尼

2010 年 11 月

美苏航天大事年表(1957－1981)

时间	美国	苏联
1957	12 月 6 日美国发射"先锋号"人造卫星失败	10 月 4 日"斯普特尼克一号"发射 11 月 3 日"斯普特尼克二号"发射,乘客为小狗"莱卡"
1958	1 月 31 日美国第一颗卫星"探索者一号"发射 10 月美国航空航天局成立;"水星计划"获批	5 月 15 日"斯普特尼克三号"发射
1959	4 月遴选"水星号"宇航员	9 月 14 日"月球二号"撞击月球 10 月 4 日"月球三号"绕月飞行
1960		8 月 19－20 日小狗"贝尔加"和"斯特莱加"完成太空飞行
1961	5 月 5 日美国第一位宇航员阿兰·谢泼德进入太空 5 月 25 日肯尼迪总统宣布目标为登月的"阿波罗"计划	2 月 12 日金星探测器第一次发射 4 月 12 日人类第一次进入太空,尤里·加加林 8 月 6－7 日盖尔曼·季托夫进入太空

1962	2 月 20 日约翰·格林进入地球轨道 7 月 10 日人类第一颗通讯卫星 Telstar 发射	3 月 16 日"宇宙"计划启动 8 月 11－15 日"东方三号"和"东方四号"联合飞行 11 月 1 日第一颗火星探测器发射
1963	3 月 15－17 日"水星号"第六次（最后一次）飞行	6 月 16 日第一位女宇航员飞行，瓦莲金娜·特雷什科娃 10 月报道苏联推出登月竞赛
1964	7 月 31 日"游骑兵七号"抵达月球	10 月 12 日第一次三人飞行，"日出一号"
1965	3 月 23 日"双子星"计划启动 12 月 15－16 日"双子星六号"和"双子星七号"轨道交会	3 月 18 日第一次太空行走，阿列克谢·列昂诺夫 7 月 16 日"质子"火箭首次发射
1966	3 月 16 日首次太空对接，"双子星八号" 6 月 1 日美国首次月球软着陆 8 月 14 日美国首次绕月飞行	2 月 2 日"月球九号"月球软着陆 4 月 3 日"月球十号"进入月球轨道
1967	1 月 27 日发射架起火，"阿波罗一号"全体乘员牺牲 11 月 9 日"土星五号"首次发射	4 月 24 日弗拉基米尔·科马洛夫驾驶"联盟一号"返回时遇难 10 月 30 日"宇宙一八六号"和"宇宙一八八号"在太空自动对接
1968	7 月 20 日"阿波罗计划"重启（"阿波罗七号"） 11 月 19 日"阿波罗八号"登陆月球并返回	3 月 27 日尤里·加加林遇难 9 月 20 日"探测器五号"绕月飞行并回收 10 月 26 日"联盟号"飞行重启（"联盟三号"） 11 月 16 日"探测器六号"绕月飞行后于苏联南部回收

1969	7 月 20 日载人登月首次成功（"阿波罗十一号"） 11 月 19 日载人登月第二次成功（"阿波罗十二号"）	1 月 16 日"联盟四号"和"联盟五号"太空会合 7 月 13 日向月球发射"月球十五号" 10 月 11－18 日"联盟六号""联盟七号""联盟八号"联合飞行，共 7 名宇航员
1970	4 月 11－17 日第三次载人登月失败，涉险返回（"阿波罗十三号"）	6 月 1－17 日"联盟九号"创造 18 天飞行记录 9 月 24 日"月球十六号"样品返回地球 11 月 16 日"月球漫步者一号"登月车抵达月球 12 月 15 日首次软着陆金星（"金星七号"）
1971	1 月 31 日载人登月第三次成功（"阿波罗十四号"） 7 月 26 日载人登月第四次成功（"阿波罗十五号"）	4 月 19 日第一个空间站"礼炮号"发射 6 月 6－29 日 3 名宇航员登陆"礼炮号"，但返回时遇难 12 月 2 日"火星三号"抵达火星表面
1972	1 月 5 日尼克松总统批准航天飞机计划 4 月 16 日载人登月球第五次成功（"阿波罗十六号"） 12 月 19 日"阿波罗十七号"返回月球，登月计划结束	
1973	5 月 14 日"太空实验室"空间站发射	4 月 3 日"礼炮二号"发射 9 月 27 日恢复载人航天飞行（"联盟十二号"）
1974		7 月 4 日"联盟十四号"宇航员登陆"礼炮三号"

1975	7月15—24日"阿波罗—联盟"测试计划(首次两个国家合作的航天任务)	7月26日"联盟十八B"宇航员结束63天飞行返回 10月20日"火星九号"拍摄火星表面照片
1976	7月20日"维京一号"登陆火星	6月22日"礼炮五号"发射
1977		7月17日第一艘为空间站运送补给的太空舱"宇宙929"发射 9月29日"礼炮六号"发射
1978		1月20日"进步号"货运太空船发射
1979		12月16日"联盟T"发射
1980		4月9日波波夫和留明完成185天"联盟号"和"礼炮六号"上的任务
1981	4月12日第一艘航天飞机"哥伦比亚号"发射	

原书注释 *

第一章　农家孩童

[1] TASS，Soviet Man in Space，Moscow：TASS/Foreign Languages Publishing House，1961，p. 7. See also：Burchett，Wilfred & Purdy，Anthony，Cosmonaut Yuri Gagarin，London：Anthony Gibbs & Phillips，1961，pp. 87—99.

[2] Quoted in Golovanov，Yaroslav，Our Gagarin，Moscow：Progress Publishers，1978，p. 37.

[3] Burchett & Purdy，Cosmonaut Yuri Gagarin，p. 89.

[4] Ibid. , p. 90.

[5] Golovanov，Our Gagarin，p. 42.

[6] Burchett & Purdy，Cosmonaut Yuri Gagarin，p. 91.

[7] Golovanov，Our Gagarin，p. 43.

[8] Burchett & Purdy，Cosmonaut Yuri Gagarin，pp. 92—3.

[9] Golovanov，Our Gagarin，pp. 263—4.

[10] Ibid. , p. 265.

---

* 文献名不再译为中文,方便读者查证。

第二章　募兵

[1] Gagarin，The Road to the Stars，quoted in Golovanov，Our Gagarin，pp. 53—4.

[2] Hooper，Gordon R.，The Soviet Cosmonaut Team，Lowestoft：second edition，GRH Publications，1990，Vol. II，'Cosmonaut Biographies'，pp. 299—301.

[3] Ibid.，pp. 161—6.

[4] Oberg，James，Red Star in Orbit，New York：Random House，1981，p. 97. 奥伯格这本有意思的畅销书是西方第一次描写苏联航天计划。

[5] Burchett & Purdy，Cosmonaut Yuri Gagarin，p. 103.

[6] Quoted in Golovanov，Our Gagarin，pp. 60—61.

[7] Burchett & Purdy，Cosmonaut Yuri Gagarin，p. 104.

[8] Ibid.，p. 104.

第三章　总设计师

[1] 关于总设计师一生的精彩记述，见 Harford，James，Korolev，New York：John Wiley & Sons，1997.

[2] McCauley，Martin，Who's Who in Russia Since 1900，London：Routledge，1997，pp. 212—13.

[3] Burchett & Purdy，Cosmonaut Yuri Gagarin，p. 25.

[4] Khrushchev，Nikita，Khrushchev Remembers：The Last Testament，Boston：Little，Brown，1970，p. 46.

[5] Gatland，Kenneth，The Illustrated Encyclopedia of Space Technology，London：second edition，Salamander，1989. 加特兰的这本书对太空舱的构造、发射日期、任务有可靠的介绍。

[6] 出自对奥列格·伊万诺夫斯基的采访。包裹"大球"的银色金属片是保护舱体不受太阳辐射的反射层,它下面是更厚的树脂和纤维隔热层。

[7] Quoted in Golovanov, Our Gagarin, p. 89.

[8] Quoted in Golovanov, Our Gagarin, p. 265.

第四章　准备工作

[1] 关于建造拜科努尔的描述,见 Harvey, Brian, The New Russian Space Programme, New York: John Wiley & Sons, 1996, pp. 19—20,卡普斯京亚尔, pp. 141—3,普列谢茨克, pp. 143—40.

[2] Daily Telegraph, May 6, 1960, p. 1.

[3] 关于美国秘密的太空计划,见 Trento, Joseph, Prescription for Disaster, London: Harrap, 1987, pp. 122—49.

[4] Oberg, James, 'Disaster at the Cosmodrome', Air & Space Magazine, December 1990, pp. 74—7. 西方分析人士好几年都没弄清爆炸的火箭型号。涅杰林的悲剧还经常与早前 R—7 运载"火星探测器"的失败相混淆,但涅杰林的 R—16 确是导弹而不是运载火箭无疑。See also: Joint Publications Research Service—UMA—89—015, June 15, 1989, pp. 34—50.

[5] Heppenheimer, T. A., Countdown, New York: John Wiley & Sons, 1997, pp. 188—9. See also: Harford, Korolev, p. 242, and Hooper, The Soviet Cosmonaut Team, Vol. 1:'Background Sections', pp. 172—3. 关于苏联宇航员死亡和火箭发射失败的分析,见 Oberg. James, Uncovering Soviet Disasters, London: Robert Hale, 1988, pp. 156—97.

[6] Harford, Korolev, pp. 163—4.

[7] Ibid., pp. 167—8.

[8] 关于"水星计划"始末,可见 Swenson, Loyd, Grimwood, James & Alexander, Charles, This New Ocean: A History of Project Mercury, Washington, DC: Government Printing Office, NASA SP—4201, 1966.

[9] 1996 年 3 月 16 日,苏富比拍卖行举行第二次俄国宇航硬件及纪念品拍卖。第 25 件拍品就是"伊万·伊万诺维奇的太空舱"。虽然掏空了内部设备,"东方号"的框架仍清晰可辨。拍品的说明在第一特别制造局的工程师宇航员康斯坦丁·费奥克基斯托夫帮助下写成,附以詹姆斯·奥伯格和多位俄罗斯历史专家提供的资料,详细地讲述了"伊万历险记"的前前后后。See Sotheby's Sale Catalogue 6753, Russian Space History, New York: March 16, 1996.

[10] Popescu, Julian, Russian Space Exploration, London" Gothard, 1979, p. 16.

第五章 发射之前

[1] 出自对盖伊·塞维林的采访,引自 Harford, Korolev, p. 162.

[2] 摄影师苏沃洛夫对自己工作的记录见 Suvorov, Vladimir & Sabelnikov, Alexander, The First Manned Spaceflight, Commack, NY: Nova Science Publishers, 1997, pp. 61—75.

[3] Kamanin diaries, April 7, 1961.

[4] Suvorov & Sabelnikov, The First Manned Spaceflight, p. 58.

[5] Harvey, The New Russian Space Programme, p. 54.

[6] Golovanov, Our Gagarin, p. 124.

[7] 出自对加加林理发师伊戈尔·霍克洛夫的采访。

[8] Murray, Charles & Bly Cox, Catherine, Apollo: The Race to the Moon, London: Secker & Warburg, 1989, p. 76.

[9] Gagarin, The Road to the Stars, quoted in Golovanov, Our Gaga-

rin，p. 125.

[10] Golovanov，Our Gagarin，p. 123.

[11] Suvorov & Sabelnikov，The First Manned Spaceflight，p. 62.

[12] Burchett & Purdy，Cosmonaut Yuri Gagarin，p. 25.

[13] Suvorov & Sabelnikov，The First Manned Spaceflight，pp. 64—5.

[14] 出自对奥列格·伊万诺夫斯基的采访。See also：Hooper，The Soviet Cosmonaut Team，Vol. II，pp. 198—9；Oberg，Uncovering Soviet Disasters，pp. 157—9.

第六章　太空 108 分钟

[1] 出自地空对话原始录音，转引自 Golovanov，Our Gagarin，pp. 127 —8，131—42.

[2] 对这次飞行的完整描述，包括引述的加加林本人的叙述，可见 Belyanov，V. ，et al. ，'Tomorrow is Space Programme Day：the Classified Documents on Gagarin's Spaceflight'，Rabochaya Tribuna，April 11，1991，pp. 124—8. For an English translation，see Joint Publications Research Service—USP—91—004，September 20，1991，pp. 71—7. Further details of the flight can be found in 'Yuri Gagarin's Immortal Day'，Spaceflight magazine，April 1991，pp. 124—8. See also：Baker，David，The History of Manned Spaceflight，London：New Cavendish，1981，pp. 70—73；and Burchett & Purdy，Cosmonaut Yuri Gagarin，pp. 110—17.

[3] Burchett & Purdy，Cosmonaut Yuri Gagarin，p. 143.

[4] Golovanov，Our Gagarin，pp. 146—7.

[5] Ibid. ，pp. 146—7.

[6] Ibid. ，pp. 149—50.

[7] Joint Publications Research Service—USP—91—004, September 20, 1991, pp. 71—7; Belyanov, 'Tomorrow...' See also: Broad, William J., 'The Untold Perils of the First Manned Spaceflight', The New York Times, March 5, 1996.

[8] "东方号"的飞行计划和弹射顺序见 Newkirk, Dennis, Almanac of Soviet Manned Spaceflight, Houston: Gulf, 1990, pp. 7—21.

[9] Murray & Cox, Apollo: The Race to the Moon, p. 76.

[10] Shepard, Alan & Slayton, Deke, Moonshot, London: Virgin, 1995, pp. 105—6. See also: The Times, April 13, 1961, p. 12, 'We Are Asleep'.

[11] Swenson, Grimwood & Alexander, This New Ocean, p. 335. See also: 'Ups and downs in Space as US gets set to launch man', Life magazine, May 5, 1961.

第七章　凯旋

[1] Quoted in Golovanov, Our Gagarin, p. 150.

[2] Golovanov, Our Gagarin, pp. 150—51.

[3] 一份有加加林、鲍里申科还有其他官员签字的、提交给国际航空会的英文报告 1996 年 3 月 16 日作为第 39 号拍品在苏富比拍卖行拍卖。Full details of the document can be found in the reference for Lot 39, Sotheby's Sale Catalogue 6753, Russian Space History, March 16, 1996.

[4] Golovanov, Our Gagarin, p. 151.

[5] 加加林和赫鲁晓夫的对话被媒体广泛报道。A full transcript appeared in the 1961 TASS pamphlet Soviet Man in Space, p. 24.

[6] Quoted at length in The Times obituary for Gagarin, March 29, 1968.

［7］出自与历史学家菲利普・克拉克的谈话。

［8］Gagarin, The Road to the Stars, quoted in Golovanov, Our Gagarin, pp. 187－8.

［9］1961 年 4 月 14 日,于第一家在苏联国内进行电视转播的西方电视台——英国广播公司的实况转播中能够清楚地看到甩动的鞋带。

［10］See Lynch, Michael, Stalin and Khrushchev: The USSR, 1924－64, London: Hodder & Stoughton, 1996, pp. 96－102.

［11］Golovanov, Our Gagarin, pp. 191－2.

［12］Burchett & Purdy, Cosmonaut Yuri Gagarin, pp. 118－23.

［13］Oberg, Red Star in Orbit, p. 55.

［14］Isvestia, August 28, 1961.

第八章　太空竞赛

［1］Murray & Cox, Apollo: The Race to the Moon, p. 77－8.

［2］Young, Hugo, Journey to Tranquillity: The History of Man's Assault on the Moon, London: Jonathan Cape, 1969, p. 110. In addition, Kennedy's original memo is reproduced as a photograph in the picture section following p. 136.

［3］See Trento, Prescription for Disaster, pp. 12－13, for a description of Lyndon Johnson's involvement in the creation of NASA in 1958. See also: Lambright, Henry W., Powering Apollo: James E. Webb of NASA, Baltimore: Johns Hopkins University Press, 1995, pp. 95－6, 132－5; Archives of Dr John Logsdon, Space Policy Institute, George Washington University, Washington, DC, ref: RG 220, NASC files, Box 17, Defence 1961, Webb－McNamara Report, 5－8－1961.

［4］Trento, Prescription for Disaster, pp. 48－9.

[5] Young, Journey to Tranquillity, pp. 108—9.

[6] Ibid. , p. 113.

[7] Harford, Korolev, p. 178.

[8] Ibid. , p. 151.

[9] Hooper, The Soviet Cosmonaut Team, Vol. II, pp. 296—9.

第九章　福洛斯事件

[1] Kamanin's diary entries, September 14—October 3, 1961.

[2] 卡马宁在日记中说加加林驾驶摩托艇"试验转一个危险的急弯"。安娜·鲁曼塞耶娃和其他人却记得他驾的是一艘划艇,这解释了他为什么不容易回到海岸。

[3] Kamanin's diaries.

[4] 太空城有一幅纪念挂图,标出了加加林历次出访的时间和目的地。所有国家都标出了,唯独美国没有。实际上,加加林于 1963 年 10 月 16 日对纽约进行了简短的访问,但由于加加林是作为嘉宾在联合国大楼发言,并非由美国官方邀请,所以这次访问的目的地就算作了"联合国"。

[5] 在瓦莲金娜·加加林娜的推动下,维尼亚闵·鲁塞耶夫同意接受采访,而瓦莲金娜谢绝了采访。

第十章　重返工作

[1] Hooper, The Soviet Cosmonaut Team, Vol. I, pp. 33—6.

[2] Kamanin's diaries, June 22, 1962.

[3] Hooper, The Soviet Cosmonaut Team, Vol. II, pp. 75—6. See also: Harford, Korolev, p. 165—6.

[4] 加加林取得文凭的经过来源于对他在茹科夫航空学院的导师谢尔盖·贝罗茨科夫斯基的深入采访。

［5］"日出二号"任务的详细经过可见 Harvey，The New Russian Space Programme，pp. 82－8. See also：Newkirk，Almanac of Soviet Manned Spaceflight，p. 35－7.

［6］Harford，Korolev，pp. 49－63

［7］出自对詹姆斯·奥伯格的交谈。

第十一章　跌落地面

［1］关于米辛面临的困境，见 Sagdeev，Roald，The Making of a Soviet Scientist，New York：John Wiley & Sons，1994，pp. 123－4. 179－81.

［2］"阿波罗一号"的大火暴露了美国航空航天局登月计划的弊病。For an eye－opening account，see Young，Journey to Tranquillity，pp. 212－48.

［3］Archives of Dr John Logsdon，Space Policy Institute，George Washington University，Washington，DC，National Intelligence Estimate Number 11－1－67，March 2，1967，'The Soviet Space Programme'，p. 18.

［4］Quoted in Oberg，Red Star in Orbit，pp. 90－91.

［5］Yevsikov，Victor，Re－entry Technology and the Soviet Space Programme：Some Personal Observations，Reston，VA：Delphic Associates，1982，quoted in Oberg，Uncovering Soviet Disasters，p. 171.

［6］加加林参与了"联盟号"的技术评估，这得到了克格勃前探员维尼亚闵·鲁塞耶夫的证实。

［7］科马洛夫飞行中可能出现的技术问题见 Newkirk，Almanac of Soviet Manned Spaceflight，pp. 58－64. See also：Hooper，The Soviet Cosmonaut Team，Vol. II，pp. 133－6；Harvey，The New Russian Space Programme，pp. 107－10；Gatland，Kenneth，'The Soviet Space Programme After Soyuz 1'，Spaceflight magazine，Vol. 9，No. 9，1967，pp.

298—9；Shepard & Slayton, Moonshot, pp. 250—53.

［8］这次采访刊登在美国的左翼杂志《城墙》（Ramparts）上，标题为《回忆美国电子间谍战》（US Electronic Espionage：a Memoir），该杂志在1980年停刊。据美国国务院高层透露，国家安全局考虑过起诉菲尔沃克。他本可能因此进监狱，但国家安全局不想在法庭上公开它们监听了苏联航天对话，故此案撤诉。

第十二章　残骸

［1］Hooper, The Soviet Cosmonaut Team, Vol. I, pp. 144.

［2］Quoted in Golovanov, Our Gagarin, p. 214.

［3］Ibid., p. 270. 顺便一提，这是这本300页著作中唯一一段提到加加林的优秀专业团队加于他的困扰。

［4］Leskov, Sergei, 'The Mystery of Gagarin's Death', Izvestia, March 28, 1996.

［5］Ibid.

［6］Transcripted quotes from original commission reports from the papers of Sergei Belotserkovsky.

［7］Ibid.

［8］Letter from Igor Kacharovsky, July 3, 1986, from the paper of Sergei Belotserkovsky.

［9］作者感谢马丁·贝克飞机制造公司对弹射座椅工作流程的讲解。

［10］Julin, Alexander, 'Gagarin & Serugin— The Last Flight', Moscow News, No. 3, week of January 28—February 4, 1996.

［11］出自对科洛肖夫的采访，Argumenti i Fakti, No. 12, week of April 2—April 9, 1995.

译名对照

A

Academy of Arts in Riga 里加艺术学院

Adrian Nikolayev 阿德里安·尼古拉耶夫

Advanced Research Projects Agency（ARPA）高级研究计划署

Airlock 气闸舱

Alan Shepard 阿兰·谢泼德

Alexander Sidorov 亚历山大·西多罗夫

Alexei Arkhipovich Leonov 阿列克谢·阿克西波维奇·列昂诺夫

Alexei Belikov 阿列克谢·贝利科夫

Alexei Ivanovich 阿列克谢·伊万诺维奇

Alexei Yeliseyev 阿列克谢·叶里塞耶夫

Andrei Koloshov 安德烈·科洛肖夫

Andrei Tupolev 安德烈·图波列夫

Andrej Stuchenko 安德烈·斯图琴科

Andy Aldrin 安迪·艾德林

Anna Rumanseyeva 安娜·鲁曼塞耶娃

Anna Timofeyevna 安娜·季莫菲耶芙娜

Anthony Purdy 安东尼·佩尔蒂

Apollo "阿波罗号"

Argumenti i Fakti《证据与事实》周刊

B

Balaclava 巴拉克拉瓦

Ballistic Missile Early Warning System（BMEWS）弹道导弹早期预警系统

Bordenko Military Hospital 博尔登科军医院

Boris Chertok 鲍里斯·契尔托克

Boris Konovalov 鲍里斯·科诺瓦洛夫

Boris Malakhov 鲍里斯·马拉科夫

Boris Volynov 鲍里斯·沃里诺夫

Boris Yegorov 鲍里斯·耶古洛夫

Brian Harvey 布里恩·哈维

British Interplanetary Society 英国星际协会

C

Catapult Sled 弹射座椅

CapCom 太空通讯员

Cape Canaveral 卡纳维拉尔角

Chaika 柴卡

Chkalovsky 契卡洛夫斯基

College of Physical Culture in Leningrad 列宁格勒体育大学

Cyrus Eaton 赛鲁斯·伊顿

D

Dannis Ogden 丹尼斯·奥格登

David Baker 戴维·贝克

Dmitry Martyanov 德米特里·马提亚诺夫

Douglas Millard 道格拉斯·米拉德

E

Earl's Court Exhibition Centre 伯爵院展览中心

Ed White 艾德·怀特

Edouard Bobrovsky 爱德瓦·鲍伯罗夫斯基

Explosive Decompression 爆炸性减压

Evening Standard《旗帜晚报》

F

Flame Trench 导焰井

Flight Security Service 飞行安全局

Foreign Correspondents' Club 外国通讯员俱乐部

Foundry Workers' Union 铸造工工会

Francis Fearon Turnbull 弗朗西斯·费伦·特布尔

Fyodor Burlatsky 费奥多·博拉茨基

Fyodor Dyemchuk 费奥多·蒂姆楚克

G

Gai Severin 盖伊·塞维林

Galya 盖娅

Gary Powers 加里·鲍尔斯

Gas Dynamics Laboratory 气体动力实验室

Gasiev 加西耶夫

Gemini "双子星号"

Georgi Shonin 格鲁吉·薛宁

Georgi Timofeyevich Beregovoi 格鲁吉·季莫费耶维奇·贝列格沃伊

Georgi Tsinev 格鲁吉·钦涅夫

Georgyevsky Hall 格鲁吉耶夫斯基厅

Gherman Stepanovich Titov 盖尔曼·斯捷潘诺维奇·季托夫

Gordon Cooper 戈登·库珀

Grigory Grigoryevich Nelyubov 格里高利·格里高利耶维奇·涅柳波
夫

GUM 古姆百货商场

H

Hugh Sidey 休·塞迪

Hugo Young 雨果·扬

I

Igor Kacharovsky 伊戈尔·卡恰洛夫斯基

Igor Khoklov 伊戈尔·霍克洛夫

Igor Morozov 伊戈尔·莫洛佐夫

Igor Rubstov 伊戈尔·鲁布斯托夫

Institute for Medical and Biological Problems 医学和生物问题研究院

International Astronautical Federation，IAF 国际航空会

Ivan Borisenko 伊万·鲍里申科

Ivan Fadyekin 伊万·法迪耶金

Ivan Goryachev 伊万·戈里亚切夫

Ivan Ivanovich 伊万·伊万诺维奇

J

James Harford 詹姆斯·哈福德

James Oberg 詹姆斯·奥伯格

James Webb 詹姆斯·韦伯

Jerome Wiesner 杰罗姆·维斯纳

John Glenn 约翰·格林

John Logsdon 约翰·罗格斯顿

John Shorty Powers "矮子"约翰·鲍尔斯

K

Kapustin Yar 卡普斯京亚尔

Kerzatch airfield 柯萨奇机场

Khwaja Ahmad Abbas 赫瓦贾·阿赫迈德·阿巴斯

Kissely dacha 绮思丽别墅

Klavdiya Akimovna 克拉芙狄娅·阿奇莫夫娜

Klushino 格鲁什诺

Komarovsky 科马洛夫斯基

Konstantin Feoktistov 康斯坦丁·费奥克基斯托夫

Konstantin Makharov 康斯坦丁·马哈洛夫

L

Lena 列娜

Leningradsky Prospekt 列宁格勒大道

Leninsky Prospekt 列宁大道

Lev Mikhailovich Bespavlov 列夫·米哈伊洛维奇·贝斯帕夫洛夫

Lifting Body 升力体

Lisichka 丽希奇卡

Lord Cardigan 卡迪根伯爵

Lord Hailsham 海尔什勋爵

Lord Home 赫姆勋爵

Lydia Obukhova 莉迪亚·奥布科娃

Lyubertsy Steel Plant 柳伯茨钢铁厂

M

Maria Semenov 玛丽娅·西蒙诺夫

Mark Gallai 马克·加莱

Mercury "水星号"

Mikhail Tukhachevsky 米哈伊·图哈切夫斯基

Mikhail Yangel 米哈伊·杨格尔

Ministry of General Machine Building 通用机械制造部

Missile Gap 导弹鸿沟

Mitrofan Nedelin 米特罗凡·涅杰林

Moscow News《莫斯科新闻报》

Moscow State University 莫斯科国立大学

Mtislav Keldysh 穆季斯拉夫·凯尔迪什

N

National Intelligence Estimate 国家情报评估

Nikel Airbase 尼科尔空军基地

Nikolai Kamanin 尼古拉·卡马宁

Nikolai Konstantovich 尼古拉·康斯坦托维奇

Nikolai Rubkin 尼古拉·卢布金

O

OKB-1 第一特别设计局

Oleg Gazenko 奥列格·卡赞科

Oleg Ivanovsky 奥列格·伊万诺夫斯基

Olga Apencheko 奥尔加·阿本切科

Olya 奥利亚

P

Pavel Belyayev 帕维尔·别里亚耶夫

Pavel Popovich 帕维尔·波波维奇

Perm 彼尔姆

Peter Almquist 彼得·阿姆奎斯特

Petrovsky Palace 彼得罗夫斯基宫

Phillip Clark 菲利普·克拉克

Pierre Salinger 皮埃尔·塞林格

Piers Bizony 皮尔斯·比佐尼

Plesetsk 普列谢茨克

Polikarpov PO－2 波利卡波夫 PO－2 双翼飞机

Proton "质子"火箭

Pugwash Conference 帕格沃什会议

R

Ray Scherer 雷·谢勒

Reaction Propulsion Laboratory 反作用力推进实验室

Red Army Advance《红军前进》

Rex Hall 雷克斯·海尔

Roger Chaffee 罗杰·查菲

S

Sander Vanocur 桑德·瓦诺克

Savely Ivanovich 萨维利·伊万诺维奇

Scott Carpenter 斯科特·卡朋特

Sergei Belotserkovsky 谢尔盖·贝罗茨科夫斯基

Sergei Ilyushin 谢尔盖·伊留申

Sergei Korolev 谢尔盖·科罗廖夫

Sergei Kuzhenko 谢尔盖·库申科

Sergei Molydin 谢尔盖·莫里丁

Sergei Nefyodov 谢尔盖·涅费奥多夫

Sergei Yegupov 谢尔盖·叶古波夫

Smelkovka 斯梅尔科夫卡

Soyuz "联盟号"

Space Policy Institute 太空政策研究所

Space—medical Institute 宇航医学院

Sputnik 斯普特尼克号

Star City 太空城

Special State Committee 国家特别委员会

Stepan Pavlovich 斯捷潘·帕夫洛维奇

Stolichnaya 斯托里奇纳亚伏特加

T

Taissia Serugina 特希娅·塞鲁金娜

Tamara Kuchalayeva 塔玛拉·库察拉耶娃

Tatiana Makaricheva 塔吉亚娜·马加利切娃

Technical School in Saratov 萨拉托夫技工学校

The Red Bomb《赤色炸弹》

The Road to the Stars《星际旅行之路》

Timofei Nikiforov 季莫非·尼基夫洛夫

Titan "大力神号"火箭

Tyuratam 拖雷塔姆/秋拉塔姆

U

UPI(United Press International) 美国合众国际社

V

Valentin Bondarenko 瓦连金·邦达连科

Valentin Glushko 瓦连金·格鲁什科

Valentina Tereshkova 瓦莲金娜·特雷什科娃

Valentina Goryacheva 瓦莲金娜·戈里亚切娃

Valerie Gorodetskaya 瓦莱丽·哥罗德斯卡娅

Valery Bykovsky 瓦莱里·毕科夫斯基

Varvara Semyonova 瓦尔瓦拉·谢苗诺娃

Vasily Biryukov 瓦西里·比留科夫

Vasily Mishin 瓦西里·米辛

Venyamin Russayev 维尼亚闵·鲁塞耶夫

Victor Yevsikov 维克托·叶夫西科夫

Viktor Kostin 维克托·科斯金

Virgil "Gus" Grissom 维吉尔·"格斯"·格里松

Vladimir Barmin 弗拉基米尔·巴尔敏

Vladimir Chelomei 弗拉基米尔·切洛梅

Vladimir Gorinshtein 弗拉基米尔·格林斯坦

Vladimir Komarov 弗拉基米尔·科马洛夫

Vladimir Serugin 弗拉基米尔·塞鲁金

Vladimir Shapovalov 弗拉基米尔·夏波瓦洛夫

Vladimir Shatalov 弗拉基米尔·沙塔洛夫

Vladimir Yazdovsky 弗拉基米尔·雅兹多夫斯基

Voskhod "日出号"

Vnukovo 伏努科沃

Vyacheslav Bykovsky 维亚切斯拉夫·毕科夫斯基

Vzor 景框

W

Walter Schirra 沃尔特·席拉

Wernher von Braun 沃纳·冯·布劳恩

Wilfred Burchett 威尔弗雷德·布切特

Winslow Peck(Perry Fellwock) 温斯洛·佩克(佩里·菲尔沃克)

Y

Yadkar Akbulatov 雅德加·阿克布拉托夫

Yakov Lysenko 雅科夫·李森科

Yaroslav Golovanov 雅罗斯拉夫·格洛瓦诺夫

Yaroslav Golovanov 雅罗斯拉夫·格洛瓦诺夫

Yelena Alexandrovna 叶琳娜·亚历山德罗夫娜

Yevgeny Karpov 叶甫根尼·卡波夫

Yevgeny Khrunov 叶甫根尼·赫鲁诺夫

Yevgeny Kiryushin 叶甫根尼·吉鲁申

Yunost Hotel 尤诺斯宾馆

Yuri Dergunov 尤里·德古诺夫

Yuri Khulikov 尤里·胡里科夫

Yuri Mazzhorin 尤里·马兹霍林

Z

Zhukovsky Academy of Aeronautical Sciences 茹科夫航空学院

Zond "探测器号"